RÉPERTOIRE
DRAMATIQUE

DES AUTEURS CONTEMPORAINS.

N. 129.

Théâtre des Variétés.

LE CHEVALIER DU GUET,

COMÉDIE EN DEUX ACTES MÊLÉE DE COUPLETS.

50 CENTIMES.

PARIS,

HENRIOT ET C.ᵉ, ÉDITEURS, RUE D'ENGHIEN, N. 10,

CH. TRESSE, SUCCESSEUR DE J.-N. BARBA, LIBRAIRE,

Au Palais-Royal, galerie de Chartres,

1840.

LE CHEVALIER DU GUET,

COMÉDIE EN DEUX ACTES,

PAR M. LOCKROY, *(Ph. Jos. Simon, del.)*

Représentée, pour la première fois, à Paris, sur le théâtre des Variétés,
le 9 septembre 1840.

DISTRIBUTION :

LE CHEVALIER DU GUET	M. LAFONT.
LE BARON DE JARLIS	M. LEPEINTRE AÎNÉ.
LE VICOMTE AMÉDÉE DE LUNEL	M. BRINDEAU.
UN OFFICIER DU GUET	M. ÉMILE.
ISABELLE, nièce du Baron	Mme BRESSANT.
LOUISE, suivante d'Isabelle	Mlle ALICE-OZI.
UN DOMESTIQUE.	

ACTE I.

Un jardin : muraille au fond ; au milieu de cette muraille, une petite porte.

SCÈNE I.

ISABELLE, LOUISE.

(Isabelle rêve sur un siége. Louise arrive avec deux raquettes et un volant.)

ISABELLE.

Eh bien ! Louise, mon oncle est-il parti ?

LOUISE.

Il a changé d'avis, il n'ira pas ce soir à la campagne : il dit qu'il est trop tard, qu'il va être nuit.

ISABELLE.

C'est un prétexte pour rester à Paris, pour aller, comme tous les soirs, faire sa partie de trictrac chez le Commandeur ; c'est une passion.

LOUISE.

Chacun a la sienne.

ISABELLE.

Oui ; la nôtre, c'est le volant.

LOUISE.

Alors, vous en avez deux.

ISABELLE.

Deux volans ?..

LOUISE.

Non, deux passions.

ISABELLE, se levant.

Louise, je t'en prie, tais-toi ; tu allais encore me parler de lui.

LOUISE.

Ça vous contrarie ? je me tais.

ISABELLE.

Donne-moi une raquette.

LOUISE.

Voilà.

(Elle lui donne une raquette et le volant.)

ISABELLE.*

Pauvre jeune homme ! nous ne le verrons peut-être plus.

LOUISE, à part.

J'en étais sûre. (Haut.) Oh ! s'il a reçu ma lettre, j'espère...

ISABELLE.

Ah ! ce n'est pas que je le regrette ; non, au contraire.

LOUISE.

Ça se voit bien.

ISABELLE.

Je suis fâchée que tu lui aies écrit ; car, enfin, mon oncle l'a défendu. Ne trouves-tu pas qu'il est bien...

LOUISE, l'interrompant.

Ah ! charmant.

ISABELLE.

Ce n'est pas ce que je veux dire... ne trouves-tu pas qu'il est bien sévère, mon oncle ?

LOUISE.

M. le Baron, je le trouve farouche. Parce qu'il est la vertu même, lui, parce qu'à son âge il n'aime que le trictrac, il se figure que tout le monde... mais vous, Mademoiselle, vous avez bien du temps à courir avant d'arriver au trictrac, et moi aussi, je m'en vante.

ISABELLE.

Et puis, un jeune homme qui menace de se tuer... Ta lettre l'a peut-être sauvé.

LOUISE.

Et sauver un homme, c'est sublime, surtout quand cet homme doit être votre mari. Non,

* Louise, Isabelle.

voyez-vous, votre oncle a tort dans cette cir-
constance, et l'homme le plus austère nous don-
nerait raison, si je lui disais : Monsieur, il y a
deux mois, une aimable orpheline a été envoyée
par son oncle avec sa suivante à Fontainebleau,
pour y voir une cousine. Fontainebleau est une
ville de garnison ; jolie ville... à cause de la fo-
rêt. Un jeune officier, qui allait souvent chez la
cousine, nous voit, nous aime, nous adore ; et
nous le laissons faire, parce qu'il n'y a pas de
mal à ça, et qu'il est naturel d'aimer ce qui est
aimable.

ISABELLE.

Louise !

LOUISE.

Nous sommes aimables, la vérité avant tout.
Nous quittons, il y a un mois, ce riant séjour ;
nous rentrons à Paris, et, en sages et honnêtes
personnes que nous sommes, nous disons à
l'oncle : Mon oncle, il y a un jeune officier, le
vicomte Amédée de Lunel, qui désire nous
épouser... L'oncle nous répond : Isabelle, je
n'ai jamais vu ce jeune homme, mais je connais
son nom, et je consens à ce mariage.

ISABELLE.

Oui, mais à une condition ; c'est que, pendant les préliminaires et en attendant qu'on sache si ce mariage convient aux deux familles,
vous vous interdirez toute espèce de relations,
soit de visites, soit de lettres. Si on manquait à
cette condition des plus simples convenances,
tout serait rompu.

LOUISE.

Nous avons affaire, Monsieur, à l'oncle le
plus sévère et le plus entêté... enfin, nous don-
nons notre parole.

ISABELLE.

Avec l'intention de la tenir.

LOUISE.

Vous croyez ? (Vivement.) Oui, oui, c'est juste.
(Au public.) Avec l'intention de la tenir... Mais
l'oncle met dans ses affaires une lenteur déses-
pérante ; le jeune homme n'y tient plus. Il quitte
Fontainebleau sans permission. Il vient vingt
fois à Paris en cachette : il rôde sous les fenê-
tres de cette maison... Nous lui faisons signe de
s'en aller, mais que nous l'aimons toujours.

ISABELLE.

Moi, non... je...

LOUISE.

Je vous demande pardon ; vous lui avez fait
signe de s'en aller, vous, et moi, comme correc-
tif, je lui ai fait signe que si nous lui fermions
la porte, ceci était toujours ouvert.
(Elle désigne le cœur. Isabelle, durant l'interlocu-
tion précédente, a joué seule au volant dans le
fond et l'a envoyé par-delà le mur.)

ISABELLE.

Maladroite que je suis, j'ai envoyé mon volant
dans la rue.

(On entend un cri dans la rue.)

ISABELLE.

As-tu entendu ?

LOUISE.

Quelque passant, sans doute, surpris de recevoir !

LE VICOMTE, paraissant sur le mur.

Elle est ici...

SCÈNE II.

LOUISE, LE VICOMTE, ISABELLE.

ISABELLE, poussant un cri.

Ah ! vous, Monsieur !

LOUISE.

Le Vicomte !

ISABELLE.

Descendez... (Le Vicomte va s'élancer dans le jardin.) Pas de ce côté. (Le Vicomte remonte.) O
mon Dieu ! si on vous apercevait !

LOUISE.

Descendez donc !
(Le Vicomte s'élance de nouveau dans le jardin.)

ISABELLE, à Louise.

Mais tu vois bien...

LOUISE.

Aimez-vous mieux qu'il reste sur le mur ?

ISABELLE, au Vicomte, qui est descendu.

Quelle imprudence ! me compromettre, ris-
quer de se tuer !

LE VICOMTE, tout poudreux.

Oh ! pardonnez-moi, j'ai la tête perdue... j'arrive à franc-étrier de Fontainebleau, je trouve
cette porte fermée, je me désespère, mais ce
volant m'annonce que vous êtes là. Bienheureux
volant ! je vous le rapporte... permettez-moi de
le garder.

ISABELLE.

Quoi ! Monsieur !.. franchir un mur, en plein
jour, malgré moi... ah ! vous n'avez pas raison.

LE VICOMTE.

Comment voulez-vous que je la conserve ? On
m'écrit que votre oncle ne s'occupe plus de
notre mariage, qu'il veut vendre cette maison...
et en effet j'ai vu à cette porte le fatal écriteau...
que vous ignorez dans quel quartier vous irez
loger ; en un mot, que je vous perds peut-être...

ISABELLE.

Tout cela est vrai, mais...

LE VICOMTE.

A cette nouvelle je suis parti comme un fou,
comme un insensé, j'ai crevé un cheval.

ISABELLE, à part.

Pauvre jeune homme !

LOUISE, à part.

Pauvre cheval !

LE VICOMTE.

Je l'ai payé... je suis accouru pour nous voir
encore parce que... si vous saviez, j'ai tant de
choses à vous dire...

ISABELLE.

Oui, mais il m'est défendu, il m'est impossible... oh ! mon Dieu ! un pareil coup de tête ! Et
mon oncle, et votre colonel ?

LE VICOMTE.

Mon colonel ? il est fait à cela. J'ai eu déjà
vingt scènes avec lui pour les vingt voyages inu-
tiles que j'ai faits à Paris : il m'a menacé, il m'a
signalé peut-être au lieutenant de police. Tenez,
dans ce moment, je suis aux arrêts à Fontainebleau ; mais ça m'est égal.

ISABELLE.

Oui, je le vois bien : mais je vous en prie, je
vous en conjure, un peu de calme, de raison.
Allez-vous-en.

LE VICOMTE.

C'est impossible : d'ailleurs, loin de vous, il me

vient des idées... il me semble que vous ne
m'aimez pas, que vous m'oubliez, que vous en
aimez un autre peut-être.

ISABELLE.

Vous avez tort, mais allez-vous-en !

LE VICOMTE.

Ah ! quand on est ainsi séparés...

ISABELLE.

Vous avez raison, mais allez-vous-en !

LE VICOMTE.

C'est impossible... il faut que je vous parle,
ne fut-ce qu'une heure, un instant.

ISABELLE.

Non... non... n'y comptez pas. Si mon oncle
apprenait !.. pour vous, pour notre mariage,
qui serait rompu sans retour... j'y tiens plus que
vous, apparemment, à notre mariage, car je
m'oppose...

LE VICOMTE.

Plus que moi ? oh ! si votre impatience...

ISABELLE.

Eh bien !.. on vous dira... on vous apprendra... Louise trouvera moyen encore...

LE VICOMTE.

Mais vous ignorez...

ISABELLE.

Sa lettre vous est bien parvenue à Fontainebleau, ainsi...

LE VICOMTE.

Mais à présent...

ISABELLE.

Sortez... si mon oncle arrivait... sortez, ou
je vous quitte... mais vous allez partir ?.. tenez,
je vous quitte, adieu.

ENSEMBLE.

AIR :

ISABELLE.

On peut venir :
Je dois vous fuir,
C'est une loi,
Imitez-moi.

LE VICOMTE.

Dût-on venir,
Avant de fuir,
Par notre foi,
Ecoutez-moi !

LOUISE.

On peut venir,
Vous devez fuir,
C'est une loi,
Ecoutez-moi.

(Isabelle sort vivement à droite.)

SCÈNE III.

LOUISE, LE VICOMTE.

LE VICOMTE.

Elle s'en va, elle me fuit, sans vouloir m'entendre !

LOUISE.

Dame ! vous avez une façon de vous présen-
ter... allons, allez-vous-en.

(Elle ouvre la petite porte du fond.)

LE VICOMTE.

Toi aussi ?

LOUISE.

Certainement : voulez-vous que l'oncle vous
surprenne ici avec moi ? d'ailleurs, vous n'avez
pas à vous plaindre : Mademoiselle ne m'a-t-elle
pas autorisée à vous écrire ?

LE VICOMTE.

Et où m'écriras-tu ? mon régiment part cette
nuit pour la Flandre.

LOUISE.

Et vous ne nous avez pas dit cela de suite ?

LE VICOMTE.

M'en a-t-on donné le temps ?

LOUISE.

Miséricorde ! on vous envoie à l'armée !

LE VICOMTE.

Je m'y ferai tuer.

LOUISE.

M. le Vicomte !

LE VICOMTE.

Je te dis que je m'y ferai tuer. Puisqu'elle m'a
défendu de lui donner de mes nouvelles, dans la
crainte que mes lettres soient interceptées, et
que je ne pourrai plus recevoir des siennes...
je me ferai tuer.

LOUISE.

Ça nous dispensera de chercher votre adresse.

LE VICOMTE.

Hein ?.. Quand je ne lui demandais qu'un instant d'entretien !.. et devant toi !

LOUISE.

C'est bien ainsi que je l'ai entendu.

LE VICOMTE.

Elle me fuit, sans me laisser le temps de m'expliquer !

LOUISE.

Mais notre oncle est ici : il ne nous quitte qu'à
dix heures pour aller faire sa partie chez le Commandeur.

LE VICOMTE.

Eh bien ! à dix heures, si l'on oubliait de fermer cette petite porte...

LOUISE.

Le soir ! oh ! non : c'est impossible.

LE VICOMTE.

Il faut qu'à une heure du matin je sois de retour à Fontainebleau ; songes-y : on s'est peut-
être aperçu de mon absence ; peut-être un ordre
dirigé contre moi est déjà arrivé à Paris.

LOUISE.

Ce n'est pas probable, si vous êtes venu à
franc-étrier.

LE VICOMTE.

Oui... mais j'ai eu affaire aux plus méchans
chevaux !.. deux lieues à l'heure ; la bride sur le
col ! je n'en ai trouvé qu'un d'assez bonne apparence ; un courrier qui suivait la même route
que moi me l'a enlevé.

LOUISE.

Ces choses-là n'arrivent qu'à vous.

LE VICOMTE.

Oui... je n'ai pas de chance... je ne sais à
quoi cela tient. Ici, par exemple, j'ai jeté l'or à
pleines mains... voyons, ma petite Louise...
(Cherchant dans sa poche.) Je l'ai prodigué... ma
bonne Louise... tellement même, que je me
trouve... songe que nous allons être séparés,
que je ne la verrai plus peut-être. Je ne m'en irai
pas que tu ne m'aies promis...

SCÈNE IV.

LOUISE, LE VICOMTE, LE CHEVALIER.

(Le Chevalier paraît dans la rue au fond, et s'arrête devant la petite porte que Louise a ouverte ; il regarde sa montre.)

LE CHEVALIER.

J'ai devancé l'heure du rendez-vous, que faire d'ici là?

LE VICOMTE.

Voyons... je t'en prie encore...

LE CHEVALIER, *regardant au-dessus de la porte.*

Tiens! maison à vendre... si j'entrais?

(Il entre.)

LE VICOMTE.

Je t'en conjure... quelqu'un!

LE CHEVALIER.*

Pardon, Monsieur... Je vous dérange?

LE VICOMTE.

Du tout. (Ils se saluent légèrement. Le Vicomte, bas à Louise, pendant que le Chevalier se promène en regardant de tous côtés.) Quel est ce Monsieur?

LOUISE, *bas.*

Je ne le connais pas.

LE VICOMTE.

C'est impossible, il entre ici comme chez lui.

LE CHEVALIER, *à part.*

Mon homme est à la campagne : la Marquise me fait dire qu'elle sera libre ce soir. Pauvre Marquise! cela ne lui arrive pas souvent.

LOUISE, *allant au Chevalier.*

Pardon, Monsieur, vous demandez quelqu'un?

LE CHEVALIER.

Non... c'est-à-dire si... cette maison n'est-elle pas à vendre? je venais...

LOUISE.

Monsieur s'y prend peut-être un peu tard, la nuit approche et...

LE CHEVALIER.

Oh! j'en jugerai parfaitement. Monsieur est le propriétaire?

LE VICOMTE, *passant auprès du Chevalier.***

Non, Monsieur, non... je viens pour acheter... comme vous.

LE CHEVALIER.

Ah! comme moi? je m'en suis douté... eh bien! à nous deux nous allons faire monter le prix.

LOUISE, *bas au Vicomte.*

Sortez, vous allez tout compromettre.

LE VICOMTE, *bas.*

Je ne le peux pas tout-à-coup.

LE CHEVALIER, *examinant ce qui l'entoure.*

Ce n'est pas mal, hein?

LE VICOMTE.

Oh! oh!

LE CHEVALIER.

Vous êtes difficile.

LOUISE.

Messieurs, je vais prévenir M. le Baron, afin que vous vous entendiez avec lui.

LE CHEVALIER, *tirant des papiers de sa poche.*

Non, ne le dérangez pas; à moins que Monsieur ne soit pressé de le voir.

LE VICOMTE.

Moi? du tout.

* Le Chevalier, Louise, le Vicomte.
** Le Chevalier, le Vicomte, Louise.

LE CHEVALIER, *à part.*

Des dépêches... un ordre d'arrestation... les affaires à demain.

LOUISE, *à part.*

Ce Monsieur est d'un sans-gêne. (Haut.) Pardon, il est indispensable que je dise au propriétaire...

LE CHEVALIER.

Vous croyez?.. eh bien! allez... nous attendons.　　　　(Il regarde sa montre.)

LOUISE, *bas au Vicomte.*

Sortez vite.

LE VICOMTE, *bas.*

Oui, mais c'est convenu, la porte, ou j'escalade encore.

LE CHEVALIER, *à part.*

J'ai une demi-heure devant moi, et il ne faut que dix minutes pour me rendre chez elle...

(Louise sort.)

SCÈNE V.

LE CHEVALIER, LE VICOMTE.

LE VICOMTE, *à part.*

Je voudrais bien trouver un prétexte pour m'en aller.

LE CHEVALIER, *à part.*

Tuons le temps. (Haut.) Monsieur, qu'est-ce que vous pensez que cela vaille?

LE VICOMTE.

Cette maison?

LE CHEVALIER.

Oui.

LE VICOMTE.

Et vous?

LE CHEVALIER.

Je serais bien aise d'avoir votre avis : vous paraissez vous y connaître ; vous faisiez même des propositions à cette jolie suivante au moment où j'entrais... qu'est-ce que vous lui offriez?

LE VICOMTE, *embarrassé.*

De la maison?

LE CHEVALIER.

Bien entendu.

LE VICOMTE, *à part.*

Au diable l'observation. (Haut.) Je lui demandais si les arbres fruitiers étaient productifs, parce que... vous comprenez? quand on achète,... les espaliers... les abricotiers... aimez-vous les abricots?

LE CHEVALIER.

Assez... et vous?

LE VICOMTE.

Beaucoup : il y en a ici... je crois que cela me décidera. (Le Chevalier sourit; à part.) Allons, je commence bien.

LE CHEVALIER.

Du reste, il ne paraît pas qu'on ait tout sacrifié à l'utile.

LE VICOMTE.

Comment! mais ces fleurs, ces gazons... l'agréable a sa part.

LE CHEVALIER.

Utile dulci.

LE VICOMTE.

Vous savez du latin, Monsieur?

LE CHEVALIER.
Oui : ce que je viens de vous en dire.

LE VICOMTE.
Ah !

LE CHEVALIER.
Charmant séjour !

LE VICOMTE.
Délicieux.

LE CHEVALIER.
Qu'il serait possible d'embellir encore et à peu de frais.

LE VICOMTE.
O mon Dieu ! quelqu'un qui voudrait l'acheter...

LE CHEVALIER.
Quelqu'un... comme vous.

LE VICOMTE.
Ou comme vous.

LE CHEVALIER.
Oui, n'importe : je vois que nous ferions à nous deux des choses charmantes. Pour ma part, j'ai les plus beaux projets...

LE VICOMTE, à part.
Voilà mon prétexte. (Haut.) Des projets?.. cela vous sourit déjà?.. je conçois... moi-même je rêve mille créations, mais elles ne vaudraient peut-être pas les vôtres... et puis je ne suis pas de ces acquéreurs obstinés... bref, je vous laisse la maison... enchanté de faire quelque chose qui puisse vous être agréable.

LE CHEVALIER, le retenant.
Du tout : permettéz, j'apprécie comme je le dois votre procédé, mais vous me prenez là par mon faible, la délicatesse. Avec ça, voyez-vous, on me mène où l'on veut. Vous êtes sûr d'avoir la propriété à présent : elle vous reste. D'abord, je vous ai trouvé ici, vous êtes le premier en date, c'est un droit.

LE VICOMTE.
Du tout.

LE CHEVALIER.
Pardonnez-moi, c'en est un : vous avez beau ne pas le faire valoir, je le reconnais. Et puis, ça paraît vous convenir mieux qu'à moi ; je ne tiens pas aux abricots.

LE VICOMTE.
Ecoutez !

LE CHEVALIER.
Non.

LE VICOMTE.
Je vous proteste...

LE CHEVALIER.
C'est inutile : la maison vous appartient.

LE VICOMTE, impatienté.
Ah ça ! vous n'en voulez donc pas ?

LE CHEVALIER.
Ni vous non plus à ce qu'il paraît.
(Ils rient.)

LE VICOMTE.
Parbleu ! voilà qui est plaisant.

LE CHEVALIER.
N'est-ce pas ?.. c'est ce que je me dis depuis un quart-d'heure.

LE VICOMTE.
Nous n'êtes donc pas venu dans l'intention d'acheter ?

LE CHEVALIER.
Pas plus que vous.

LE VICOMTE.
Oui, c'est drôle... mais, pardon, alors qu'est-ce qui vous amène ici ?

LE CHEVALIER.
Prenez garde, je pourrais vous faire la même question.

LE VICOMTE.
C'est juste ; mais si vous vouliez répondre à la mienne, je prendrais l'engagement de vous dire...

LE CHEVALIER.
Vous auriez tort : il faut toujours savoir à qui l'on parle.

LE VICOMTE.
Mais il ne tient qu'à nous de nous l'apprendre ; et si vous vouliez me confier le motif...

LE CHEVALIER.
Tenez : autrefois, je racontais étourdiment mes affaires de cœur à tout le monde ; il m'arriva un jour de tomber sur un mari : je reçus le plus furieux coup d'épée... et, depuis lors, quand je conte, j'invente.

LE VICOMTE.
Me voilà prévenu.

LE CHEVALIER.
Du reste, pour peu que vous désiriez m'entendre, je suis prêt à vous conter...

LE VICOMTE.
Merci, c'est inutile. (A part.) Quel est ce monsieur? il entre ici sous un prétexte, il ne dit pas son nom ; serait-ce un rival? ah ! bast ! Louise ne le connaît pas. Je suis ridicule avec ma jalousie. (Haut.) Parbleu ! je tirai long-temps de l'aventure.

LE CHEVALIER.
Moi aussi.

SCÈNE VI.

LE CHEVALIER, LOUISE, LE VICOMTE.

LOUISE, à part.
Encore là ! (Haut.) Messieurs, voici le propriétaire. (Bas au Vicomte.) Il me suit !

LE CHEVALIER, tirant sa montre.
Ah ! ah ! le propriétaire ?

LE VICOMTE, bas à Louise.
Isabelle ?

LOUISE.
Je lui ai tout dit.

LE VICOMTE, bas à Louise.
A dix heures, par la petite porte, c'est convenu.
(Il sort précipitamment.)

LOUISE.
Mais...

LE CHEVALIER, à part.
C'est l'heure de mon rendez-vous.

LOUISE, au Chevalier.
Ne vous impatientez pas, Monsieur.

LE CHEVALIER.
Soyez tranquille.

LOUISE, qui est tournée du côté par lequel arrive le Baron.
Il va venir... tenez, le voilà qui vient.

(Le Chevalier s'est esquivé rapidement par la porte du fond, et, arrivé à l'extérieur, il salue de la main le Vicomte qui a disparu à gauche. Le Chevalier sort à droite.)

LOUISE , pendant les salutations du Chevalier.

Veuillez vous dépêcher, M. le Baron, ce monsieur vous attend.

SCÈNE VII.
LOUISE, LE BARON, ISABELLE.

LE BARON.

Me voici... me voici.

LOUISE , se tournant, et croyant trouver là le
Chevalier.

Monsieur, vous pouvez parler... Il n'est plus
là ! (Appelant.) Monsieur !

LE BARON.

Eh bien! cette personne qui m'attend , je ne
la vois pas.

LOUISE.

Ni moi non plus.

LE BARON.

Qu'est-ce que tu me disais donc ?

LOUISE.

Dame ! je vous jure qu'il n'y a qu'un instant
il y avait là un monsieur ! C'est particulier ! Il
n'aura pas eu la patience d'attendre.

LE BARON.

Tant pis pour lui, il reviendra s'il veut : d'ailleurs, on ne visite pas une maison à cette heure.

ISABELLE.

Vous tenez donc toujours à la vendre , mon
oncle?

LE BARON.

Oui, parce que l'isolement, le quartier... (A
part.) Je le dois à la Marquise qui m'en a prié
pour sa réputation : elle me trouve trop près
d'elle. Tout se sait dans ce quartier-ci, et si jamais ma nièce se doutait... (Haut.) Oui, cette
rue me déplaît.

ISABELLE.

Voilà vingt ans que vous l'habitéz.

LE BARON.

C'est peut-être pour ça.

ISABELLE.

En avez-vous au moins choisi une plus gaie?

LE BARON.

Ma foi, je n'y ai point songé encore; nous
avons le temps.

LOUISE , bas à Isabelle.

Vous voyez, quand il sera à l'armée, vous ne
saurez plus où vous trouver ni l'un ni l'autre.

ISABELLE.

Vous allez déjà faire votre partie, mon oncle?

LOUISE , bas.

Ne le retenez donc pas.

LE BARON.

Oui, je veux rentrer de bonne heure... avant
dix heures.

LOUISE , à part.

Ciel ! (Bas à Isabelle.) S'il ne vous voit pas, il
se fera tuer, il me l'a dit.

ISABELLE.

Eh bien ! quand vous ne vous quitteriez pas sitôt, pour rentrer un peu plus tard.

LOUISE , à part.

A la bonne heure !

ISABELLE.

Vous aimez donc bien...

LE BARON.

Elle est si belle ! (Se ravisant.) C'est un si beau
jeu que le trictrac.

ISABELLE.

Et vous ne feriez pas une fois à votre nièce,
que vous laissez seule tous les soirs, le sacrifice
d'une heure de ce plaisir ?

LOUISE.

Oh ! Mademoiselle, vous pouvez tout obtenir
de M. le Baron, excepté cela.

ISABELLE.

Enfin, si vous aviez été à la campagne, comme
vous en aviez le projet, il eut bien fallu renoncer à votre partie pour ce soir.

LOUISE.

Et remarquez qu'on ne vous demande pas d'y
renoncer.

LE BARON.

J'entends bien... mais...

ISABELLE , d'un ton un peu piqué.

A moins pourtant que vous ne soyez resté à
Paris tout exprès pour ne pas manquer votre
soirée.

LE BARON , à part.

Se douterait-elle... au fait, la Marquise ne m'attend pas, elle me croit à la campagne... (Haut.) Tu
as quelque chose à me demander : il s'agit de ce
jeune officier de Fontainebleau, que je n'ai jamais vu. On le dit très bien, ce jeune homme.
Tu désires savoir où en sont mes démarches auprès de sa famille ? tout va bien , et s'il continue
de se conduire comme il le fait, avec la même
réserve, je l'en récompenserai.

LOUISE , à part.

Ce sera bien mérité.

LE BARON.

Mais pas de lettres, pas de relations clandes-
tines, avant que tout soit arrêté, conclu... les
convenances... (Avec une humeur mal déguisée.)
Voyons, mon enfant, je cède , je reste ; nous
passerons la soirée ensemble.

(Il pose sur un banc sa canne et son chapeau.)

LOUISE , à part.

Ah ! mon Dieu !

LE BARON , à part.

C'est un sacrifice, mais il faut être prudent.
(Haut.) Je reste : d'autant plus que maintenant
je ne rentrerais que tard.

LOUISE , à part.

C'est juste ce qu'il nous faudrait.

LE BARON , à part.

Je suis horriblement contrarié.

ISABELLE.

Ah ! mon oncle , vous avez bien mal interpré-
té mes paroles ; d'abord, je n'ai rien à vous demander, et puis, je suis bien loin d'exiger l'en-
tier sacrifice de vos plaisirs.

LE BARON.

Raison de plus pour que je le fasse.

ISABELLE.

Oh ! non, je vous en supplie, je ne me par-
donnerais pas... vous avez une passion pour le
trictrac.

LE BARON,

J'y joue tous les soirs.

ISABELLE.

Eh bien ! ce serait me faire une peine très
vive que d'y renoncer aujourd'hui, je vous l'as-

sure : je suis fâchée à présent de vous avoir dit...
Oh ! non, je m'en voudrais éternellement.

LE BARON.

Ah çà ! tu me faisais des reproches tout à
l'heure... Voilà bien les femmes ! quand on
veut, elle ne veulent pas, et quand on ne veut
pas, elles... Certainement, je ne suis nulle part
aussi bien que chez moi. (A Louise.) Donne-moi
mon chapeau. (A Isabelle.) Mon plus grand plaisir est de t'avoir là, à mes côtés. (A Louise.)
Ma canne. (A Isabelle.) Aussi, tu as vu tout à
l'heure avec quel empressement, quelle bonne
humeur j'ai renoncé à sortir ; ma figure te l'ex-
primait assez : ça ne se commande pas, ça... Enfin, tu veux... tu veux... il faut bien en passer
par là. Seulement, une autre fois, je ne céde-
rai plus aussi facilement... Allons, ce n'est pas
un reproche. (Il la baise au front.) Tu seras cou-
chée quand je rentrerai. A demain !

ISABELLE.

Mon oncle !

LE BARON.

Ah çà ! tu ne vas pas vouloir me retenir, à
présent ? A demain, mon enfant. Fermez la
porte à double tour, j'ai mon passe-partout.
Cette rue est déserte, et la police est si mal
faite !

LOUISE.

Soyez tranquille !

ENSEMBLE.

LE BARON.

Air :

Jusqu'à demain, adieu, ma chère,
Crois-le bien, si je sors, c'est pour te complaire,
   Car malgré ma sévérité,
Je n'ai fait, en tout temps, que ta volonté,

ISABELLE.

   Lui cacher un pareil mystère,
C'est mal ; je devrais ne point le lui taire ;
   Mais, hélas ! sa sévérité
M'y force, et je mens par nécessité.

LOUISE.

   Pour quelque temps, il sort, j'espère :
J'ai tremblé de le voir rester pour nous plaire.
   Enfin, le sort en est jeté,
Il s'éloigne et nous rend notre liberté.

(Le Baron sort par la petite porte que Louise referme sur lui.)

SCÈNE VIII.

LOUISE, ISABELLE.

(La nuit arrive par degrés pendant cette scène.)

LOUISE.

Ouf ! il est parti !

ISABELLE.

Rentrons, Louise.

LOUISE.

Et le Vicomte ?

ISABELLE.

Vous avez eu le plus grand tort de lui pro-
mettre...

LOUISE.

Moi ? je ne lui ai rien promis : il m'a seulement menacée, s'il ne vous voyait pas, de mille
extravagances... d'aller se faire tuer ! que sais-
je ? et je me suis dit que ce n'était pas la peine
de l'avoir sauvé la première fois, si on le laissait
mourir la seconde.

ISABELLE.

Mourir ! eh ! mon Dieu !

LOUISE.

Il en est capable.

ISABELLE.

Certainement ! en fait d'extravagance, il n'en
fera jamais qui me surprenne, surtout après
celle de tantôt : cela est-il excusable ? je vous le
demande : venir, en plein jour, escalader un
mur ?

LOUISE.

Dame ! la crainte de ne plus vous voir, le
désir de vous parler encore une fois, on com-
prend...

ISABELLE.

Certainement ! mais s'il allait recommencer
encore... au risque de me compromettre, de me
perdre ! car il ne pense à rien.

LOUISE, finement.

C'est pour cela qu'il vaudrait peut-être mieux
laisser ouverte cette petite porte.

ISABELLE.

Tu dis ?

LOUISE.

Il l'a demandé, car il se défie de lui, ce pauvre jeune homme.

ISABELLE.

Vous n'avez pas supposé, j'espère, que je me
prêterais...

LOUISE.

Ce serait le plus sage.

ISABELLE.

Certainement je n'ouvrirai pas cette porte.

LOUISE.

Pourtant...

ISABELLE.

Je ne l'ouvrirai pas.

LOUISE.

Ah ! je l'entends bien ainsi.

ISABELLE.

A la bonne heure !

LOUISE.

C'est moi qui l'ouvrirai.

ISABELLE.

Mais ça revient au même.

LOUISE.

Quand les gens n'ont pas de raison, il faut
bien en avoir pour eux... Eh ! mon Dieu ! de
quoi s'agit-il ? de recevoir un quart-d'heure votre futur mari ? Quoi de plus innocent ? Si votre oncle était un autre homme... D'ailleurs,
ne serai-je pas là ? et vous connaissez mes prin-
cipes.   (Elle va ouvrir.)

ISABELLE.

Louise, que faites-vous ?

LOUISE.

Moi ? rien.

ISABELLE.

Je vous l'ai défendu, je vous le défends encore, il me semble... (Bruit lointain.) Qu'est-ce
que c'est que ça ?

LOUISE.

Une querelle peut-être au bout de la rue :
cela arrive tous les jours.

ISABELLE, affectant d'avoir peur.

Oh! mon Dieu! la nuit, si c'étaient des vo-
leurs, des malfaiteurs...

LOUISE.

Ce n'est pas probable, mais dans le doute...
   (Elle se dirige vers la porte pour la fermer.)

ISABELLE, vivement.

Non, non, le bruit s'apaise.

LOUISE, à part.

J'allais faire une bêtise.

ISABELLE.

C'est singulier, j'éprouve un sentiment de
crainte...

LOUISE, à part.

Bon prétexte pour paraître oublier que la porte
est ouverte.

ISABELLE.

Seules ainsi, à cette heure, sais-tu que ce n'est
pas prudent? je ne reste pas, moi, d'abord.

LOUISE, simulant aussi la frayeur.

Ni moi non plus.

ISABELLE.

J'ai tellement peur...

LOUISE.

J'ai une frayeur si grande...

ISABELLE.

Que... tiens, je me sauve!

LOUISE, riant.

Moi aussi!

(Elles disparaissent à droite. La nuit devient de plus
en plus obscure, jusqu'à la fin de l'acte.)

SCÈNE IX.

LE CHEVALIER, entrant vivement par la porte
du fond.)

Ah! cette porte ouverte! où suis-je? la nuit
est si noire!.. Il paraît qu'il n'était pas allé à la
campagne. La dame a reconnu son pas dans l'escalier, et je n'ai eu que le temps d'arriver par
ricochet du boudoir au balcon, du balcon dans
la rue. Heureusement ce n'était qu'un premier
étage, je ne me suis pas blessé en tombant: sans
cela, j'étais pris: c'eût été piquant; le Chevalier
du Guet arrêté par le guet! Allons, mes gens
font bien leur devoir: à l'aspect d'un homme
qui descend par une croisée, ils s'élancent des-
sus avec un zèle... Il y en avait un qui me serrait de près; mais une bonne poignée de pous-
sière... je suis sûr qu'il se frotte les yeux dans
un coin. J'ai puisé ce moyen dans les archives
de la police. Me voici en sûreté, grace au ciel,
pour un instant, du moins. Comment cette
chère Marquise se sera-t-elle tirée de là? Je n'ai
eu ni le temps ni l'envie de voir mon rival: je
ne le connais pas; je ne l'ai jamais vu, ni entendu nommer. Qui peut-il être? A en juger
par l'effroi de la dame, c'est un jeune homme
bouillant qu'elle redoute, ou bien un riche bar-
bon qu'elle ménage. Enfin, ça ne me regarde
pas: il ne me doit rien, au contraire. Ah ça! je
voudrais pourtant bien rentrer chez moi, pour
recevoir le procès-verbal de mon aventure: c'est
important... diable! si on ne m'y trouvait pas!
Voyons, l'extrémité de la rue est gardée; je
m'en vais gagner l'autre, et bientôt...

SCÈNE X.

LE BARON, LE CHEVALIER.

LE BARON, qui arrive par la petite porte.

Elle était déjà endormie... (Au moment où il
entre, il se heurte avec le Chevalier qui veut sortir.)
Qui va là?

LE CHEVALIER.

Je suis pris!

LE BARON.

Qui va là?

LE CHEVALIER.

Ami!

LE BARON.

Comment, ami?

LE CHEVALIER.

Je le suis de tout le monde.

LE BARON.

Ah! vous ne sortirez pas avant de m'avoir
dit...

LE CHEVALIER.

Ah! je ne vous dirai rien avant d'être sorti.

LE BARON.

Alors, l'épée à la main.

LE CHEVALIER.

Prenez garde! il ne fait pas clair, nous allons
maltraiter les arbres.

(Il s'élance vers la porte.)

LE BARON.

Vous n'échapperez pas: les deux extrémités
de la rue sont gardées par le guet.

LE CHEVALIER.

Merci de m'en avertir... (A part.) C'est une
fatalité!

LE BARON, marchant toujours vers lui.

Je n'ai qu'à appeler!.. Qui êtes-vous? que
faites-vous ici? répondez.

LE CHEVALIER.

Monsieur, de grace, pas si haut.

LE BARON.

Répondez! ou je crie au voleur!

LE CHEVALIER.

Gardez-vous-en bien.

LE BARON.

Que faisiez-vous ici?

LE CHEVALIER.

Pardieu! je m'y cachais; et si vous êtes le
propriétaire, je vous serai obligé de me donner
un gîte.

LE BARON.

Vous vous cachez?.. pourquoi? comment
êtes-vous venu?

LE CHEVALIER, à part.

Pas moyen d'éviter l'explication. (Haut.) Je
vois bien qu'il faut tout vous dire, et dès que
mon émotion sera un peu calmée... Songez,
Monsieur, que je me fie à votre loyauté, à votre
honneur... J'ai affaire, je suppose, à un gentilhomme? (A part.) Imaginons un conte, et ren-
dons-nous intéressant.

LE BARON.

Eh bien! Monsieur?

LE CHEVALIER.

Eh bien... (A part.) Je ne trouve rien... (Haut.)
Je suis encore si ému...

LE BARON.

Voulez-vous que j'appelle la garde?

LE CHEVALIER.

Non, de grace, non : j'ai le plus grand intérêt à ne pas me montrer. Si vous connaissiez ma position...

LE BARON.

Voyons, je vous écoute.

LE CHEVALIER.

Pardon, je suis encore si... (A part.) M'y voilà. (Haut.) Veuillez, Monsieur, me prêter toute votre attention, et si vous remarquez quelque désordre dans mon récit, n'en accusez que le trouble inséparable...

LE BARON, impatienté.

Comment êtes-vous ici?

LE CHEVALIER.

Vous allez le savoir. Je suis un cadet de Bretagne... ne me trahissez pas... Je me nomme... (A part.) Comment vais-je me nommer?.. (Haut.) Je me nomme César de Ponticourt : j'ai perdu tous mes parens. Je vivais dans une terre, cultivant les fleurs, m'occupant d'agriculture...

LE BARON, plus impatienté encore.

Oui, mais tout ça ne me dit pas...

LE CHEVALIER.

Nous allons y arriver. Je vivais heureux dans ma paisible retraite, lorsque je reçois une lettre de ma sœur, qui était dans l'abbaye de Chaillot. Pardon, Monsieur, les sanglots m'étouffent... (A part.) Je ne trouve plus rien du tout.

LE BARON.

Remettez-vous : voyons, votre sœur...

LE CHEVALIER.

Un infâme... dont je tairai le nom par égard pour sa famille, famille puissante, qui me poursuit à cette heure ; un infâme l'avait enlevée de son pieux asile ; il l'avait séduite, et lui faisait essuyer les plus indignes traitemens.

LE BARON.

C'est affreux !

LE CHEVALIER.

N'est-ce pas, Monsieur? Oh ! permettez que je donne un libre cours à mes larmes muettes.

LE BARON, qui commence à s'intéresser au récit.

Pleurez, pleurez, il y bien de quoi.

LE CHEVALIER.

Ah! vous n'êtes pas au bout. (A part.) Ni moi non plus, malheureusement.

LE BARON.

Vous êtes parti à l'instant même?

LE CHEVALIER.

Je suis heureux que vous me compreniez : oui, Monsieur, je suis parti ; je suis arrivé cette nuit, je me suis rendu chez ma sœur ; sa chambre était fermée : j'ai entendu à travers la porte des cris plaintifs, j'ai frappé... j'ai frappé, on ne m'a pas ouvert.

LE BARON.

Il fallait enfoncer la porte.

LE CHEVALIER.

C'est ce que j'ai fait, Monsieur. (A part.) Il m'aide...

LE BARON.

Et vous avez vu?..

LE CHEVALIER.

J'ai vu!.. Ah ! Monsieur, je ne puis achever ! J'ai vu... (A part.) Qu'ai-je vu?

LE BARON.

Continuez.

LE CHEVALIER.

J'ai vu un homme, le séducteur, qui la poursuivait un poignard à la main.

LE BARON.

Et vous n'avez pas tiré l'épée?

LE CHEVALIER.

Je l'ai tirée, Monsieur... et, un instant après, le misérable tombait baigné dans son sang... et ma sœur fuyait comme une folle... je ne sais plus ce qu'elle est devenue.

LE BARON.

C'est alors que le Guet...

LE CHEVALIER.

Oui, Monsieur, c'est alors que le Guet, attiré par les cris du mourant, s'est mis à ma poursuite: j'ai couru, j'ai pris le chemin que le hasard m'adressait, et je suis venu tomber contre cette porte, que j'ai enfoncée peut-être... maintenant, Monsieur, livrez-moi si vous voulez, pour me punir d'avoir vengé ma sœur et l'honneur d'une famille outragée. (A part.) Ouf ! j'ai fini.

LE BARON, très préoccupé et fort ému.

Monsieur, vous ne vous repentirez pas... l'honneur d'une famille!..

LE CHEVALIER, à part.

C'est un homme rigide.

LE BARON.

Tout cela, du reste, est la faute de la police. Je vous demande un peu, si elle n'aurait pas dû veiller sur votre sœur, prévenir les mauvais traitemens dont elle était l'objet, au lieu de mettre un frère dans la nécessité de la venger... si je connaissais le Chevalier du Guet, je lui dirais qu'il ne fait pas son devoir.

LE CHEVALIER, à part.

Merci.

LE BARON.

Attendez-moi là.* Avec le temps, tout s'arrange, tout s'oublie : votre sœur sera peut-être retournée à l'abbaye de Chaillot. Elle se nomme?

LE CHEVALIER.

Armande de Follibourt.

LE BARON.

Vous avez dit, Ponticourt.

LE CHEVALIER.

Oui, Ponticourt de Follibourt.

LE BARON.

Attendez-moi là : ne faites pas de bruit... je vais m'assurer... (Lui serrant la main.) Vous êtes un brave jeune homme. Attendez-moi... chut!..

ENSEMBLE.

LE BARON et LE CHEVALIER.

AIR:

Ici, la nuit,
Le moindre bruit
Nous
Me   Trahirait,
Soyez discret.

(Trémolo jusqu'à la fin.)

SCÈNE XI.

LE CHEVALIER, seul.

(On entend sonner dix heures.)

Allons, ce n'est pas malheureux; mon conte a

bien pris : je passerai la nuit ici. Mais que dire demain chez moi? bah! je dirai que j'ai consacré la nuit à veiller sur les mœurs publiques. J'entends quelqu'un; on vient: c'est ce brave homme? déjà?

SCÈNE XII.
LE CHEVALIER, LOUISE.

LOUISE, bas.

Est-ce vous?

LE CHEVALIER, bas.

Oui.

LOUISE, bas, le prenant par la main.

Suivez-moi.

LE CHEVALIER, à part.

Une femme! celle de mon hôte, peut-être! on n'est pas plus hospitalier...

(Il disparaît à droite avec Louise.)

SCÈNE XIII.
LE VICOMTE, arrivant par la petite porte.

La porte ouverte! je tremblais de la trouver fermée... elle consent à me recevoir! J'ai eu peur de ne pas arriver: les gens du Guet ne voulaient pas me laisser: c'eût été la suite de mon guignon: il paraît qu'ils ont vu sauter un homme d'une fenêtre; mais j'ai dit que je logeais dans la rue, et alors... Je vais la voir! ô fortunés instans!

SCÈNE XIV.
LE VICOMTE, LE BARON.

(Le Baron est arrivé par la droite, pendant les deux dernières phrases du Vicomte, et il a fermé la porte du fond.)

LE BARON, bas.

Est-ce vous?

LE VICOMTE.

Oui. (A part.) C'est l'oncle.

LE BARON, bas, le prenant par la main.

Suivez-moi.

LE VICOMTE.

Je suis pris.

LE BARON.

Suivez-moi.

LE VICOMTE.

Ah ça! à qui croit-il avoir affaire?

LE BARON.

Chut!

LE VICOMTE.

Taisons-nous!

(Ils sortent par une autre allée, à droite.)

FIN DU PREMIER ACTE.

ACTE II.

Un salon. Porte au fond; porte à gauche conduisant à une galerie; porte à droite conduisant à la chambre d'Isabelle. Une cheminée à gauche; à droite un guéridon sur lequel est un flambeau allumé.

SCÈNE I.
ISABELLE, sortant de sa chambre.

Il va venir!.. comme mon cœur bat! J'ai tort sans doute de le recevoir ici, mais je n'avais pas deux partis à prendre; et puis, personne ne peut dire que j'aie autorisé... Excellente Louise! depuis que nous sommes rentrées, elle m'a laissée seule dans ma chambre; elle ne m'a plus parlé de la démarche du Vicomte : elle sentait tout ce que cela avait d'embarrassant pour moi. Seulement, lorsque dix heures ont sonné, elle est descendue, et j'ai entendu une porte en bas qui s'ouvrait mystérieusement. Cette fille-là a une délicatesse de sentiment!.. et c'est si rare la délicatesse dans cette condition... Il faudra que j'augmente ses gages... on doit encourager les bons sujets.

SCÈNE II.
ISABELLE, LOUISE.

LOUISE, vivement et à demi-voix.

Le voici.

ISABELLE.

O mon Dieu! qu'avez-vous fait?

LOUISE.

Il monte le petit escalier. J'ai pris les devans pour vous prévenir, afin que ça vous fît moins d'effet, parce que ça en fait toujours.

ISABELLE.

Mais, je ne vous ai pas permis,

LOUISE.

Pauvre jeune homme! il est tellement ému, qu'en venant il me serrait la main comme si c'eût été la vôtre.

ISABELLE.

Que dites-vous?

LOUISE.

Mais il savait que c'était la mienne, car au détour de la grande allée, il m'a embrassée: preuve qu'il m'avait reconnue. (Allant à la porte du fond.) Par ici, monsieur..., (Elle tend la main au dehors.) Il fait si noir!

ISABELLE.

Je meurs de frayeur.

LOUISE.

Vous y voilà.

SCÈNE III.
ISABELLE, LE CHEVALIER, LOUISE.

LE CHEVALIER.

Désolé de toute la peine.

LOUISE, poussant un cri à son aspect.

Ah!

ISABELLE.

Ah!   (Moment de silence.)

LOUISE.

Miséricorde !

ISABELLE.

Louise ! qu'est-ce que cela veut dire?

LOUISE, à part.

Le monsieur de tantôt ! (Haut.) Mais je... je n'y comprends rien.

ISABELLE.

Tu devais amener...

LOUISE.

A moins qu'on ne l'ait changé en route.

ISABELLE, avec la plus grande frayeur.

Qui êtes-vous, Monsieur? que demandez-vous?

LE CHEVALIER, à part.

Parbleu ! je fais là une singulière entrée ! (Haut.) Permettez, belle dame, il me semble... après la bienveillance qu'on a daigné me témoigner... je m'étonne... Est-ce que monsieur votre mari n'est pas ici? (Mouvement des deux femmes). ou plutôt Monsieur votre père, car votre âge m'indique assez...

LOUISE.

Mademoiselle n'a ni père, ni mère, ni mari, monsieur.

LE CHEVALIER.

Ah !

LOUISE.

Mais nous ne sommes pas seules dans la maison : il y a un concierge à la grande porte.

ISABELLE.

Des domestiques.

LOUISE.

Des voisins qu'on peut appeler.

LE CHEVALIER.

Oui... (A part.) Je commence à ne plus bien comprendre...(Haut.) Enfin vous attendiez quelqu'un ?

LOUISE, vivement.

Mais ce n'est pas vous.

LE CHEVALIER.

Ah bah!

LOUISE.

Il s'en étonne.

LE CHEVALIER.

Un moment.. permettez... Comment ! tout à l'heure... au jardin ?.. cet intérêt tout particulier qui me vaut d'être ici, je ne le dois pas à la position terrible dans laquelle une sœur...

LOUISE.

Est-ce qu'on la connaît votre position, votre sœur ?

LE CHEVALIER.

Vous ne connaissez pas ma sœur ? oh ! alors, oh ! pardon ; c'est bien plus piquant.

ISABELLE.

Monsieur !

LE CHEVALIER.

Une toute autre aventure... un roman bien tendre, bien mystérieux, qui n'a pas le moindre rapport avec le mien, et dans lequel je suis jeté comme un incident dramatique pour faire une péripétie... Parbleu ! je ne m'étonne plus à présent de la frayeur... (A lui-même.) Et moi, qui attribuais à un hôte généreux l'hospitalité délicate... (Haut.) Oh ! pardon ! je suis confus ! Il paraît que j'ai pris la place d'un autre.

ISABELLE.

Monsieur, vous oubliez... vous ne savez pas... je n'attendais personne.

LOUISE.

Certainement... et, dans tous les cas, si vous n'êtes pas venu ici dans de mauvaises intentions, il y a dans votre conduite un manque d'usage...

LE CHEVALIER, riant.

J'ai commis une indiscrétion... elle est bien involontaire, au reste, car le hasard seul... il est quelquefois d'une bizarrerie ! (A lui-même.) N'est-ce pas curieux ? il faut qu'au moment où l'on trouble mon tête-à-tête, je rende involontairement à un autre le déplaisir qu'on vient de me causer. (Haut, à Isabelle.) Je vous jure que c'est l'aventure la plus divertissante !.. Elle ne vous paraît peut-être pas aussi gaie qu'à moi ; je conçois : ces quiproquo-là sont très désagréables... mais il y a eu dans celui-ci un enchaînement... une coïncidence... Figurez-vous qu'un accident, auquel j'étais loin de m'attendre il y a une heure, me jette dans cette rue : je me réfugie dans un jardin...

LOUISE.

Dont Monsieur n'est pas le propriétaire.

LE CHEVALIER.

S'il fallait être le propriétaire de tous les jardins où on entre... Je trouve la porte ouverte, et pour cause... Une âme généreuse me fait espérer un asile plus sûr : au moment où je l'attends avec impatience, Mademoiselle vient à moi, par un petit sentier détourné... adroitement.

ISABELLE.

Oui, adroitement.

LE CHEVALIER.

Ou maladroitement, comme vous voudrez : elle ne me dit qu'un mot : Est-ce vous ?

LOUISE.

Vous répondez : Oui...

LE CHEVALIER.

Je ne pouvais pas dire : Non. Je la suis; elle me conduit avec précaution, en silence, jusqu'ici... vous le voyez., cela s'accordait parfaitement avec ma position.

ISABELLE.

En effet... (A part.) Je suis au supplice.

LE CHEVALIER.

En marchant, il lui arrive de me serrer la main de temps en temps.

LOUISE.

Qu'est-ce que vous dites ?

LE CHEVALIER.

Ce que j'interprète ainsi : On s'intéresse à vous; montrez-vous-en digne. Cela s'accordait toujours parfaitement...Je réponds de mon mieux de la même manière : Votre confiance m'honore ; je la mériterai. (A Louise.) L'avez-vous compris comme cela? (A Isabelle.) Au détour d'une allée...

ISABELLE.

Oui... je sais le reste.

LE CHEVALIER.

Bref, je suis amené dans la plus parfaite ignorance; j'arrive, et une fois ici, il se trouve que toutes ces aimables prévenances ne s'adressaient pas à moi, et que j'ai porté la confusion dans un petit roman intime qui jusque-là marchait le mieux du monde.

ISABELLE.

Monsieur !.. (A part.) Oh ! quelle position ! (Haut.) Je conviens, en effet... (A part.) Je ne sais que lui dire. (Haut.) Quelque bizarre que paraisse cette aventure, il est possible... je crois à la sincérité de votre récit.

LE CHEVALIER.

Je n'en fais pas toujours d'aussi véridique.

ISABELLE.

Il ne me reste qu'un regret : c'est que ma femme de chambre ait, à mon insu, donné lieu à une méprise, comme vous disiez, fort désagréable.

LE CHEVALIER.

Pour vous, Mademoiselle.

ISABELLE.

Pour vous, car elle vous a fait perdre un temps précieux.

LE CHEVALIER.

Je ne pouvais pas mieux l'employer. Mon sort, je vous le demande, n'est-il pas digne d'envie ?

ISABELLE.

Je ne vois pas qu'il ait rien de bien...

LE CHEVALIER.

Pardonnez-moi : il y a de par le monde quelqu'un qui voudrait bien être à ma place. (Il pose son chapeau sur la table.) Eh bien ! Mademoiselle, la fortune m'a toujours traité comme vous le voyez... en enfant gâté. Cette fois encore, alors que dans mon malheur j'eusse accepté avec joie le premier refuge qui se fût présenté, elle me fait trouver un asile dont l'homme le plus heureux serait jaloux.

ISABELLE.

C'est remercier le hasard de bien peu de chose, et pour un moment que vous aurez passé ici...

(Elle fait un signe à Louise, qui prend sur la table le chapeau du chevalier et le lui présente.)

LE CHEVALIER, qui ne le prend pas.

Ce moment, Mademoiselle, si je le devais à vos bontés, je l'aurais acheté de ma vie.

ISABELLE.

Voilà qui est fort obligeant sans doute, mais, par bonheur, vous n'avez pas eu à le payer d'un tel prix.

LE CHEVALIER.

C'est là mon regret, foi de gentilhomme.

ISABELLE, à Louise.

Vous éclairerez Monsieur, et le reconduirez.

LOUISE, présentant toujours au chevalier son chapeau.

Soyez tranquille, Mademoiselle..... je me charge...

LE CHEVALIER, à Louise. sans prendre son chapeau.

Merci, c'est inutile.

ISABELLE.

La nuit est très noire... permettez que ma femme de chambre... je suis persuadée, Monsieur, qu'une fois sorti, vous ne chercherez pas... vous oublierez...

LE CHEVALIER, à Louise, qui lui présente son chapeau.

Merci.

LOUISE, du ton le plus aimable.

Ah ça ! vous ne comprenez donc pas que l'on vous prie... (Elle indique la porte de sortie.)

LE CHEVALIER.

Parfaitement... je n'y vois qu'un petit obstacle.

ISABELLE.

Que voulez-vous dire ?

LE CHEVALIER.

Je veux dire, Mademoiselle, que ce n'est pas assez pour la fortune de m'avoir réservé un bonheur que je mérite si peu ; elle me condamne encore à en abuser.

LOUISE.

C'est-à-dire...

LE CHEVALIER.

C'est-à-dire que je reste.

LOUISE.

Par exemple, c'est un peu fort.

ISABELLE.

Vous prétendez rester chez moi, Monsieur ? malgré moi ? Oh ! vous ne parlez pas sérieusement, sans doute. Je vous prie de sortir...

LE CHEVALIER.

Désolé de vous déplaire, Mademoiselle, mais cela m'est impossible.

ISABELLE.

Impossible, Monsieur ?

LE CHEVALIER.

Oui... Voilà pourquoi j'ai accepté avec tant de reconnaissance l'asile que le hasard m'a offert... jusqu'à demain... et...

LOUISE.

Miséricorde ! Vous n'avez donc ni feu ni lieu ?

LE CHEVALIER, riant.

Non, pour le moment.

LOUISE.

Ah ! Mademoiselle, je vais appeler.

ISABELLE, avec la plus grande émotion.

Restez. Monsieur ; vous vous dites gentilhomme : à ce titre, j'ai droit d'attendre de vous les égards que toute femme mérite. Vous les avez oubliés... Laissez-moi achever. La manière dont vous avez été amené ici, l'opinion que vous avez pu concevoir de moi, tout cela vous excuse peut-être ; mais si, après l'invitation que je vous ai faite, vous abusiez de votre position jusqu'à vouloir rester malgré moi ; si vous refusez de sortir, dans la pensée que je n'oserais appeler pour ne pas avoir à déclarer tout haut par quelle erreur vous êtes ici, vous commettriez une lâcheté, Monsieur ; et, en prenant un titre, dont vous vous montreriez à ce point indigne, je ne crains pas de vous dire que vous auriez menti.

LE CHEVALIER.

Mademoiselle...

ISABELLE.

L'aveu de ma conduite, Monsieur, je le ferais devant tout le monde, sachez-le bien. L'homme que j'attendais doit être mon mari. Pour me décider à le voir cependant, il a fallu, croyez-le, des motifs bien impérieux... un départ... une séparation... C'est pour la première fois qu'il venait me parler ici... c'était, peut-être, pour la dernière... Maintenant, Monsieur, libre à vous de persister dans votre refus... Je n'ai plus rien à vous dire : j'attends.

LE CHEVALIER, à part.

Non, ce serait mal : d'honneur, ce serait très mal. Oui ; mais le guet... Fi donc ! est-ce que je dois un instant mettre en balance la position

de cette jeune fille et mon intérêt !.. (Haut.)
Mademoiselle, en me croyant digne d'entendre
un pareil langage, vous ne vous êtes pas trom-
pée... J'ai eu bien des torts dans ma vie ; j'en
aurai encore beaucoup ; mais à Dieu ne plaise
qu'on puisse jamais me reprocher une action
déloyale, et celle-ci en serait une, vous avez
raison. Je sais qu'en quittant cette maison je re-
nonce à mon unique asile ; mais quels que soient
les périls qui me menacent, je les braverai pour
vous ; trop heureux si mon repentir et la pro-
fonde estime que vous m'avez inspirée peuvent
vous faire oublier la légèreté de mes premières
paroles.

LOUISE.
Voilà votre chapeau.

LE CHEVALIER, le prenant.
Merci. Malheureusement, il n'est point en mon
pouvoir de réparer le mal que j'ai fait... Mais,
qui sait ? votre futur est peut-être encore là (A
part.) mon hôte aussi. (Haut.) Il attend, il s'im-
patiente... Mon départ du moins lui rendra une
partie du bonheur dont mon arrivée l'a privé.
(A part.) C'est dommage ! j'aurais été très bien
ici. (Haut.) Mademoiselle, je me retire.

LOUISE.
Ce n'est pas sans peine.

LE CHEVALIER, revenant,
Ah ça ! mais je fais une réflexion : s'il est jaloux !

ISABELLE.
Eh bien, Monsieur ?

LE CHEVALIER.
Eh bien, il n'a qu'à me voir sortir avec mystère de cette maison,.. la nuit... accompagné
de,.. Mademoiselle... comment lui faire entendre...

ISABELLE.
O mon Dieu !

LE CHEVALIER.
La passion est aveugle et sourde... elle se re-
fuse à toute explication... surtout à celles don-
nées par un rival.

ISABELLE.
Oh ! Monsieur ! il ne croirait jamais... Cepen-
dant, je conviens... en effet... l'apparence...
S'il allait supposer...

LOUISE.
Il ne nous manquerait plus que cela.

ISABELLE.
Lui surtout avec sa tête si vive, si exaltée !

LE CHEVALIER.
Après tout, rien n'est moins certain que cette
rencontre, et...

ISABELLE.
Restez, Monsieur : vous avez raison ; restez,
c'est moi qui vous en prie à présent. Ce n'est
pas ainsi qu'il doit vous voir... Je veux tout lui
expliquer ici, devant vous... Oh ! je vous remer-
cie d'avoir pensé... Louise ! descends à l'instant *.

LOUISE.
Oui, Mademoiselle.

ISABELLE.
Vole au jardin, il doit y être encore.

LOUISE.
Oui.

* Isabelle, Louise, le Chevalier,

ISABELLE.
Amène-le.

LOUISE.
J'y cours.

LE CHEVALIER.
Et cette fois ne vous trompez pas : deman-
dez-lui son nom et ses prénoms.

SCÈNE IV.
ISABELLE, LE CHEVALIER.

LE CHEVALIER, posant de nouveau son chapeau sur
la table.
Excellente fille, qui paraît dévouée : vive, in-
telligente... un peu étourdie. Y a-t-il long-temps
qu'elle est à votre service ?

ISABELLE, très préoccupée.
Oui, Monsieur... oui... (A part.) O mon
Dieu ! s'il était déjà parti ! Je tremble... (Regar-
dant la pendule.) Une demi-heure seulement...
Oh ! il est encore là !
(Elle va machinalement pour s'asseoir. Le Chevalier
lui offre un fauteuil et s'assied auprès d'elle.)

LE CHEVALIER.
Je vous ai, peut-être, alarmée à tort.

ISABELLE.
Non, Monsieur : il vaut mieux en effet qu'il sache par moi...

LE CHEVALIER.
Je le pense aussi. Croyez - vous, Mademoiselle, que, pour un cœur bien épris, les angoisses
du soupçon soient plus poignantes que le malheur même ? En d'autres termes, la certitude
d'être trahi est-elle préférable à la crainte de
l'être ? J'ai vu de graves personnes, fort expertes
en ces sortes de matières, qui étaient très divi-
sées d'opinions sur celle-ci. Quant à moi, je suis
de l'avis de ceux qui pensent que redouter un
malheur, c'est le ressentir déjà ; qu'à tout prendre, il y a remède à la trahison, qu'il n'en est
pas pour la jalousie ; et, en effet, un abandon,
une noirceur, on s'en venge... par une autre...
ou bien encore on pardonne, ou oublie... ce
qui n'est pas la même chose... mais le soupçon !

SCÈNE V.
ISABELLE, LOUISE, très effrayée. LE CHE-
VALIER.

LOUISE, entrant précipitamment.
Cachez-vous !

ISABELLE.
Qu'y a-t-il ?

LOUISE.
Votre oncle est sur mes talons !

ISABELLE.
Ah !

LE CHEVALIER, à part.
Il y a un oncle ?

LOUISE.
J'ouvrais la petite porte du vestibule, qu'en
venant j'avais eu la précaution de fermer sur
moi... J'ai aperçu quelqu'un qui rôdait autour
de la maison... C'est votre oncle.

ISABELLE.

Sortez, Monsieur.

LOUISE.

Il m'a semblé qu'il n'était pas seul.

(Elle remonte et écoute à la porte.)

LE CHEVALIER.

O mon Dieu! est-ce que par hasard?.. Un seul mot, Mademoiselle. Monsieur votre oncle n'est-il pas de taille moyenne? un homme assez vif, assez... bon?

ISABELLE.

Oui. D'où le connaissez-vous?

LE CHEVALIER.

Je crois que j'ai eu occasion de le voir... quand je dis le voir... Et la personne en question attendait... là-bas... dans le petit bois... où j'étais?..

ISABELLE.

Apparemment

LE CHEVALIER, à lui-même.

Plus de doute : pendant que je prenais sa place ici, il prenait la mienne.

ISABELLE.

Que dites-vous?

LE CHEVALIER.

Rien. *(A lui-même.)* C'est généreux de sa part.

LOUISE, revenant de la porte.

On monte.

ISABELLE.

Oh! Monsieur, je vous en prie, je vous en conjure... mon oncle!.. cachez-vous.

LE CHEVALIER.

Où vous voudrez.

ISABELLE, indiquant la porte à gauche.

Par ici.

LOUISE.

Mais il va rentrer chez lui par cette galerie... Là, plutôt. *(Elle indique la porte à droite.)*

ISABELLE.

Dans ma chambre!

LE CHEVALIER.

Où vous voudrez.

LOUISE, poussant le Chevalier.

Il n'y a pas d'autre endroit... Vite...

ISABELLE.

Mais c'est ma chambre.

LE CHEVALIER, à lui-même.

Décidément, j'aime autant ma position que la sienne.

ISABELLE.

O Louise! je suis plus morte que vive.

(Le Chevalier est entré dans la chambre. Les deux femmes, après avoir soufflé la bougie qui est sur la petite table, se réfugient au fond.)

SCÈNE VI.

LE VICOMTE, LE BARON, ISABELLE, LOUISE, dans un coin du salon, à droite.

(Le Baron entre sur la pointe du pied, tenant par le bras le Vicomte.)

LE BARON, à part.

Il paraît très ému, ce pauvre jeune homme. Ce n'est pas étonnant, après le meurtre qu'il a commis. *(Au Vicomte, à voix basse.)* Nous pouvons parler maintenant. Par ici, par ici!

(Il indique la galerie de gauche, et va fermer la porte du fond.)

LE VICOMTE, à lui-même.

Où diable me mène-t-il comme ça? Enfin, je saurai ce qu'il me veut ; j'irai jusqu'au bout.

LE BARON.

Vous vous impatientez peut-être?

LE VICOMTE.

Du tout.

LE BARON.

Mais, soyez tranquille à présent ; votre affaire est faite.

LE VICOMTE.

Qu'est-ce qu'il dit?

LE BARON.

Nous n'avons pas d'indiscrétion à craindre. Je vous réponds que personne ne saura demain ce que vous êtes devenu.

LE VICOMTE.

Est-ce qu'il veut se défaire de moi? *(Au Baron, en cherchant à dégager son bras.)* Monsieur, un instant! je désirerais savoir...

LE BARON.

Par ici!

LE VICOMTE.

Je suis armé, Monsieur.

LE BARON.

J'espère que ça ne vous servira à rien.

LE VICOMTE, à part.

C'est un guet-apens.

LE BARON.

Quand je vous aurai mis dans l'endroit que je vous destine...

LE VICOMTE, à lui-même.

Parbleu! à moins qu'il n'y ait de bons verroux, je réponds bien.

LE BARON.

Venez!

(Ils disparaissent par la porte de gauche.)

SCÈNE VII.

ISABELLE, LOUISE.

ISABELLE.

C'est lui!

LOUISE.

Le Vicomte!

ISABELLE.

J'ai reconnu sa voix.

LOUISE.

Votre oncle a tout découvert : il sait tout.

ISABELLE.

Oui... à moins qu'une erreur que je m'explique à peine... ce Monsieur paraissait deviner, tout à l'heure.

LOUISE.

A propos de ce Monsieur, il faut le faire sortir... oui, mais la porte du fond...

ISABELLE.

A l'instant, et en le reconduisant tu lui demanderas...

LOUISE, qui est allée à la porte du fond.

Ah! votre oncle a fermé la porte.

ISABELLE.

Que dis-tu?

* Le Baron, le Vicomte.

LOUISE.
Oui... la porte, là... impossible de l'ouvrir.

ISABELLE.
Que faire, à présent?

LOUISE.
Je n'en sais rien.

ISABELLE.
Oh! je t'en conjure... trouve un moyen: songe que ce Monsieur est là, dans ma chambre... qu'il ne peut y rester.

LOUISE.
Sans doute; mais, à moins qu'il ne consente à sauter par la croisée... je vais le lui proposer.

ISABELLE.
Mon oncle!

LOUISE.
Déjà!
(Elles se blottissent de nouveau au fond.)

SCÈNE VIII.
LE BARON, ISABELLE, LOUISE.

LE BARON, à lui-même, une lanterne sourde à la main.
Je l'ai déposé provisoirement dans un petit cabinet, afin de bien m'assurer que tout le monde dort dans la maison.
(Il allume les bougies, sur la cheminée.)

LOUISE, bas à Isabelle.
Je n'ose plus ouvrir la porte. Pourtant...

ISABELLE, la retenant.
S'il allait vouloir entrer!

LE BARON.
C'est singulier : nous sommes passés dix fois devant ce petit vestibule; j'aurais parié que la porte en était fermée. Voyons, assurons-nous...
(En se retournant, il aperçoit Isabelle et Louise.)
Ma nièce.

ISABELLE, venant à lui.
Bonsoir, mon oncle.

LE BARON, très embarrassé.
Que faites-vous là?

ISABELLE.
Moi? mais je venais... vous rentrez de bien bonne heure, ce soir.

LE BARON.
Et vous veillez bien tard.

ISABELLE.
En effet... c'est par hasard... j'étais inquiète: j'avais gardé Louise... (A part.) O mon Dieu! quel air sévère!
(Pendant cette partie de la scène, Louise cherche toujours à s'approcher de la porte de droite pour en ôter la clé; elle en est toujours empêchée par les regards du Baron.)

LE BARON, à part.
Est-ce qu'elle m'aurait vu rentrer avec M. de Ponticourt? je ne le voudrais pas pour tout au monde.

ISABELLE.
Vous n'avez donc pas fait votre partie, ce soir?

LE BARON.
Non : que vous importe?.. il est singulier... (A part.) Un pareil secret confié à des femmes! tout le quartier le saurait bientôt.

ISABELLE.
Il me semble que vous devriez trouver tout simple...

LE BARON.
Non, Mademoiselle... je trouve fort étrange au contraire que vous veniez... c'est donc à dire que je ne peux pas être seul et que... certainement je n'ai pas de raisons pour vouloir être seul.

ISABELLE.
Mon Dieu, mon oncle, nous sommes venues... en vous entendant... nous n'étions pas sûres que vous fussiez rentré.

LE BARON, à part.
J'ai failli me trahir. (Haut.) Eh bien! vous voyez, me voilà; votre inquiétude n'avait pas le sens commun.

ISABELLE.
Est-ce que vous m'en voulez de l'avoir eue?

LE BARON.
Non, mon enfant, non : je ne t'en veux pas, seulement, tu me permettras de te dire que tout ceci est d'un enfantillage... je sais bien que l'on est quelquefois dans une disposition d'esprit singulière... moi-même, vous me trouvez peut-être inquiet, préoccupé?.. et cependant je n'ai certes aucun motif de l'être. (L'embrassant sur le front.) Allons... calme-toi, mon enfant... bonsoir... va te coucher.

LOUISE, à part.
Nous voilà bien.

ISABELLE.
Vrai? vous n'êtes plus fâché contre moi, mon oncle? je serais désolée de voir que vous vous retiriez mécontent. Je ne sais ce que j'ai eu ce soir... je vous dirai...
(Elle fait un pas pour le reconduire.)

LE BARON.
Oui, tu me raconteras tout cela demain. (A part.) Je ne peux pas m'en débarrasser. (Haut.) Allons, va te coucher. (Mouvement d'Isabelle.) Faut-il que je t'accompagne jusqu'à ta chambre?

ISABELLE.
Non, non, mais je vais vous dire... je ne sais plus...

LOUISE, se mettant entr'eux et la porte.
Ce que nous avons fait de la clé... vous l'aurez oubliée dans la chambre de Monsieur, quand vous avez été voir s'il était rentré... ou plutôt, dans le jardin... là, près du vestibule.

LE BARON, montrant la chambre d'Isabelle.
Comment? mais vous ne pouvez être sorties que de là tout à l'heure.

LOUISE.
J'ai maladroitement tiré la porte sur moi.

ISABELLE.
Et n'ayant pas la clé...

LE BARON.
Eh bien! va la chercher.

ISABELLE, à Louise.
Oui... allez la chercher.

LOUISE, bas à Isabelle.
Elle est à la porte.

ISABELLE, à part.
Grand Dieu!
(Elle se met à son tour devant le baron.)

LOUISE.
J'y vais, Mademoiselle... (Indiquant la porte au

fond, que le Baron a fermée.) Mais on ne peut pas descendre.

LE BARON, lui donnant la clé.

Tenez. (A part.) Elle n'en finira pas... Et M. de Follibourt, que j'ai laissé là !

LOUISE.

Merci. (Bas à Isabelle.) Si du jardin on peut lui dire...

ISABELLE.

Prends garde d'être entendue !

LE BARON.

Mais allez donc ! que de lenteurs !

SCÈNE IX.
LE BARON, ISABELLE.

LE BARON, à lui-même.

C'est particulier : je leur trouve à toutes deux un air d'embarras... (Haut.) Eh bien ! vous me regardez ! qu'avez-vous, enfin ? votre trouble n'est pas naturel.

ISABELLE.

Moi, mon oncle ? Mais je vous assure...

LE BARON.

Vous avez beau dire : ces hésitations, ces retards ont un motif que vous n'avouez pas. Il faut que nous nous expliquions enfin et que je sache...

SCÈNE X.
LE VICOMTE, LE BARON, ISABELLE.

LE VICOMTE, sortant vivement de la galerie.

Parbleu ! s'il me rattrape...

LE BARON, courant à lui et le saisissant au collet.

Arrêtez ! où allez-vous ?

ISABELLE.

Ciel !

LE VICOMTE, cherchant à se dégager.

Monsieur !

LE BARON, l'amenant sur l'avant-scène.

Où allez-vous ?

LE VICOMTE, apercevant Isabelle.

Monsieur !

LE BARON.

Oser paraître ! oser vous montrer, après ce que vous avez fait !

LE VICOMTE, cherchant à lire dans les yeux d'Isabelle.

Ce que j'ai fait, Monsieur, je suis prêt...

LE BARON.

Vous voulez donc que tout le monde sache que vous êtes chez moi ?

LE VICOMTE.

Monsieur, si j'y suis venu...

LE BARON.

Croyez-vous ainsi vous dérober au sort qui vous menace ?

LE VICOMTE.

Je suis armé, monsieur.

LE BARON.

A la vengeance ? à la justice ?

LE VICOMTE.

Il est donc vrai qu'on en veut à ma vie ?

LE BARON, avec force, lui prenant la main.

Vous en doutez ? Et s'il est mort, malheureux ?

LE VICOMTE.

Plaît-il ?

LE BARON.

Oui, si le coup qui a vengé Armande a été porté d'une main sûre ? et j'en ai le pressentiment funeste.

LE VICOMTE, très étonné.

Qu'est-ce que cela me fait ?

LE BARON.

Comment ? qu'est-ce que... Pensez-vous, dans ce cas, n'avoir pas assez d'un confident, d'un complice ? car enfin, malgré moi, je suis votre complice... Mais, regardez donc, ma nièce est là qui vous a vu... qui sait tout à présent... heureusement, sa discrétion... Je ne le lui aurais pas confié... (A Isabelle.) Mon enfant, un malheur... un meurtre... il est compromis... je le suis... nous le sommes tous... Sur ta vie, n'ouvre jamais la bouche... Si tu connaissais... l'événement le plus tragique !.. Une demoiselle de Ponticourt, de Follibourt... elle est heureuse d'avoir un frère !.. grace à lui !.. On ne sait pas ce qu'elle est devenue. Je tremble que cette femme de chambre...   (Il va au fond.)

LE VICOMTE, bas à Isabelle.

Ah ça !.. je ne comprends pas un mot...

ISABELLE, bas, lui faisant signe.

Je vous expliquerai... ne le démentez pas.

LE BARON.

Nous n'avons pas un instant à perdre. (Apercevant un chapeau sur la table et le présentant au Vicomte.) Prenez votre chapeau.

ISABELLE, s'apercevant que c'est celui oublié par le Chevalier.

Grand Dieu !

LE BARON, à Isabelle.

Comprens-tu que, dans une pareille position, il ait la folie ?.. (Au vicomte.) Prenez votre chapeau... (A Isabelle.) Mais j'aurai de la prudence pour lui, et, quand je le tiendrai en lieu sûr...

LE VICOMTE, à lui-même.

Est-ce qu'il va encore me renfermer quelque part ?

ISABELLE, faisant vainement signe au Vicomte de prendre le chapeau et qu'elle n'est pas coupable.

Il ne regarde pas.

LE BARON.

Je n'avais pas encore remarqué comme il est pâle, défait. Vous n'avez peut-être rien pris d'aujourd'hui ?

LE VICOMTE.

Non... rien.

LE BARON.

O mon Dieu ! je n'ai pas songé... dans ma préoccupation... Isabelle, cours toi-même à l'office... tu y choisiras des fruits, des confitures... ce que tu voudras... tu les porteras au bout du corridor... dans la chambre au cadenas.

LE VICOMTE.

Il n'en démordra pas.

LE BARON.

Va donc.

ISABELLE, avec le plus grand embarras.

Oui... mon oncle.

LE BARON.
Mais va donc!..

ISABELLE.
Comment cela finira-t-il?

SCÈNE XI.
LE BARON, LE VICOMTE.

LE BARON.
Et nous, mon cher ami, gagnons au plus vite
la retraite solitaire... je vous dirai demain si votre sœur est rentrée au couvent de Chaillot. Venez : vous serez parfaitement tranquille... sous
un escalier... Du diable si personne...

LE VICOMTE.
Merci, je suis sensible...

LE BARON.
Ne parlons pas de reconnaissance : tout autre, à ma place... Prenez votre chapeau... l'es-
sentiel, d'abord, c'est de vous dérober... mais
prenez donc votre chapeau.

LE VICOMTE.
Mais je le tiens... qu'est-ce que vous avez à
me répéter sans cesse?..

LE BARON.
Oh! pardon! Je suis tellement troublé... (il le
met par-dessus le sien.) Eh bien! mais j'ai le mien
aussi.

LE VICOMTE, à lui-même.
Est-il incroyable avec sa retraite! Parbleu, il
l'a bien choisie.

LE BARON, à lui-même.
Qu'est-ce que cela veut dire? un chapeau chez
moi, à cette heure? Et ma nièce ne m'a rien
dit!

LE VICOMTE, à part.
Si je pouvais voir Isabelle!
(Il remonte et cherche à s'éloigner doucement par la
porte à gauche.)

LE BARON, à part.
Cette clé qu'on a oubliée... (L'apercevant.) et qui
est à la porte! Est-ce qu'à mon insu?.. (Il court
à la chambre de sa nièce et s'efforce d'ouvrir la porte
qui, retenue en dedans, se referme malgré lui.) Un
homme chez ma nièce!

LE VICOMTE, avec force, se retournant.*
Un homme!

LE BARON, hors de lui.
Ouvrez-moi! ouvrez-moi! ou j'appelle.

LE VICOMTE, le saisissant dans ses bras.
Monsieur! monsieur! qu'est-ce que vous avez
dit? un homme!

LE BARON.
Là... caché.

LE VICOMTE.
Un homme! Monsieur... songez à ce que vous
allez faire... pour la soupçonner, pour l'accuser,
il faut être bien sûr... voyons, du calme, de la
raison.

LE BARON.
Il vous est facile à vous de la conserver; mais
à moi, Monsieur! Il est là : voici son chapeau;
il retenait la porte.

LE VICOMTE.
Et quel est le misérable?..

LE BARON.
Je le connais : un homme, que j'aurais jugé
digne de mon estime, et qui s'introduit lâche-
ment... ce n'est pas la première fois qu'il
vient.

LE VICOMTE.
Vous croyez?

LE BARON.
Je puis tout supposer à présent. Elle le rece-
vait en mon absence...

LE VICOMTE.
C'est impossible.

LE BARON.
Car elle l'aime!

LE VICOMTE.
C'est impossible.

LE BARON.
Je vous dis qu'elle l'aime, Monsieur.

LE VICOMTE.
La perfide!

LE BARON.
Oui... on n'est pas plus hypocrite. Je vois que
vous ressentez comme moi l'injure qui m'est
faite; mais soyez tranquille; les Ponticourt
ne sont pas les seuls qui sachent venger leur honneur... je vous apprendrai bientôt...

LE VICOMTE.
Laissez, Monsieur : ce n'est pas à vous qu'est
réservé son châtiment; non, c'est à moi, et je ne
cède ce droit à personne.

LE BARON.
Je ne souffrirai point...

LE VICOMTE.
C'est à moi.

LE BARON.
Dans votre position....

LE VICOMTE.
Je vous jure, Monsieur, qu'il ne sortira pas
d'ici.

LE BARON.
Bon jeune homme!

LE VICOMTE.
Je le trouverai.

LE BARON.
Noble jeune homme!

LE VICOMTE.
Je le tuerai.

LE BARON, se jetant dans ses bras.
Excellent jeune homme! cœur pur et désin-
téressé!

LE VICOMTE.
Oh! trahir avec tant d'impudence ce qu'il y a
de plus sacré.

LE BARON.
Oui... voyons, calmez-vous.

LE VICOMTE.
Elle, que personne ne soupçonnait de per-
fidie!

LE BARON.
C'est infâme... calmez-vous.

LE VICOMTE.
Non, une pareille action surpasse en noirceur
tout ce qui...

LE BARON.
Allons! que diable! est-ce que c'est moi qui
vais être obligé de vous apaiser, à présent?
il me semble que ça me touche un peu plus que
vous.

2. Le Vicomte et le Baron.

LE VICOMTE.

Oh!..

LE BARON.

Occupons-nous d'abord des moyens de le saisir sûrement; et, avant d'enfoncer la porte, assurons-nous qu'aucune issue... ah! la fenêtre donne sur le jardin... courez... mais vous ne savez pas où elle est... non, je vais moi-même... je placerai quelqu'un s'il le faut... mon ami, restez ici... n'en bougez pas...

LE VICOMTE.

Soyez tranquille...

LE BARON.

Songez que je vous confie....

LE VICOMTE.

Soyez tranquille...

LE BARON, lui prenant la main, avec émotion.

Je ne me doutais pas, en vous recueillant il y a une heure, que j'aurais sitôt à vous demander le prix du service que je viens de vous rendre... il y a entre nos deux positions une analogie!... Armande! Isabelle!.. je la mettrai à Chaillot.
(Il sort.)

SCÈNE XII.

LE VICOMTE; puis LE CHEVALIER.

LE VICOMTE, courant à la porte d'Isabelle.

Ouvrez! (Pas de réponse.) Ouvrez! (Pas de réponse.) Ouvrez! si vous n'êtes point un lâche!.. (Le Chevalier paraît.) Le Monsieur du jardin!

LE CHEVALIER.

Mon homme aux abricots!

LE VICOMTE, avec rage.

Ah! tout s'explique! Comment êtes-vous ici?

LE CHEVALIER.

Et vous?

LE VICOMTE.

Je vous l'apprendrai.

LE CHEVALIER.

C'est inutile : je crois que je m'en doute un peu.

LE VICOMTE.

Avant tout, Monsieur, vous comprenez que l'homme qui sort de cette chambre, à cette heure, aura un compte sévère à rendre de son audace ou de son bonheur.

LE CHEVALIER.

Son bonheur? il voudrait pouvoir l'avouer : quant à son audace, il n'a jamais moins mérité qu'en cette occasion d'être traité de téméraire.

LE VICOMTE.

Je regrette que votre discrétion habituelle ne vous ait pas permis tantôt, dans le jardin, de m'avouer le motif qui vous amenait.

LE CHEVALIER.

A quoi cela eût-il servi?

LE VICOMTE.

A nous faire battre plus tôt, Monsieur.

LE CHEVALIER.

Je ne le crois pas.

LE VICOMTE.

A moins, que vous n'eussiez poussé la prudence jusqu'à refuser...

LE CHEVALIER.

Un coup d'épée? c'eût été la première fois.

LE VICOMTE.

Eh bien! j'aurais été vengé deux heures plus tôt: oui, Monsieur, si vous aviez eu la franchise de me dire que vous veniez pour elle, que l'ingrate, au mépris de ses sermens, se jouait de l'amour le plus sincère, le plus dévoué; si vous m'aviez dit qu'elle vous aimait, vous n'eussiez plus eu de rival à craindre, ou je lui aurais épargné la honte dont elle va être accablée.

LE CHEVALIER.

Mais, d'abord...

LE VICOMTE.

Oh! n'espérez pas me donner le change par de vaines paroles... et quand bien même elle ne vous aimerait pas, car malgré ce qu'on a pu me dire, et l'endroit où je vous trouve, je doute encore, je l'avoue...

LE CHEVALIER.

Vous avez raison.

LE VICOMTE.

Quand vous seriez venu sans son aveu; oui, Monsieur, alors même, je ne voudrais rien entendre, rien écouter. Où allez-vous?

LE CHEVALIER.

Ne faites pas attention : je vais sonner.

LE VICOMTE.

A quoi bon, Monsieur?

LE CHEVALIER.

Mais d'abord, à appeler l'oncle.

LE VICOMTE.

Avons-nous besoin de lui?

LE CHEVALIER.

Peut-être: quand le bonhomme apprendra que c'est moi qu'il a recueilli au jardin, et que c'est vous qu'il y a retrouvé: quand il saura que son généreux défenseur n'est autre que l'amant qu'on attendait, et pour lequel on m'a pris, nous verrons si sa colère...

LE VICOMTE.

Ne sonnez pas!

LE CHEVALIER.

Parbleu! je suis curieux de savoir comment vous vous en tirerez. Je vous mets au défi de raconter l'histoire d'Armande.

LE VICOMTE.

Ne sonnez pas! (Se calmant.) Monsieur, je ne comprends pas... j'ai peine à m'expliquer...

LE CHEVALIER.

Comment? vous n'avez pas encore deviné qu'il y a ici un quiproquo? ah ça, cet oncle ne vous a donc rien dit de la fin tragique...

LE VICOMTE.

Ah! cette histoire, cette sœur, cette famille...

LE CHEVALIER.

C'est la mienne.

LE VICOMTE.

Je vous en fais mon compliment. Ainsi, à vous entendre, ce serait seulement à une méprise que vous devez...

LE CHEVALIER.

D'être ici. Vous voyez : je n'y mets pas de vanité.

LE VICOMTE.

Cependant... notre rencontre... dans le jardin... (Très sérieusement.) Faut-il vous croire, Monsieur?

LE CHEVALIER.
Je vais sonner.

LE VICOMTE, avec humeur.
Ne sonnez pas! mais je le répète, je vous le demande : tout cela est-il vrai?

LE CHEVALIER.
Quand je l'affirme.

LE VICOMTE.
Ah! vous m'avez prévenu tantôt.

LE CHEVALIER, riant.
C'est juste : vous êtes dans votre droit. Tout cela est vrai, sur l'honneur. Vous voyez qu'à tout prendre, vous n'avez pas grande raison de m'en vouloir.

LE VICOMTE.
Dans tous les cas, c'est toujours à vous que je dois...

LE CHEVALIER.
L'avantage d'être accueilli comme un fils par ce généreux vieillard.

LE VICOMTE.
Et tous les ennuis dont il m'a abreuvé depuis une heure.

LE CHEVALIER.
Ah! comme futur membre de la famille, ça vous revenait de droit. Je croyais, moi, que nous marchions tous d'accord; et que, dans cette comédie, chacun acceptait gaîment le rôle que le hasard lui avait donné.

LE VICOMTE.
Il est aimable celui qui m'est échu : un monologue sous clé.

LE CHEVALIER.
Ah! vous y avez du moins vos coudées franches; c'est un canevas: mais le rôle que j'ai pris... je ne sais pas où vous l'avez laissé, et il est probable qu'on ne me permettrait pas de l'achever. Après cela, pour peu que vous veuillez le reprendre...

LE VICOMTE, l'arrêtant.
Non, non, Monsieur, vous le jouerez jusqu'au bout.

LE CHEVALIER, souriant.
Comment l'entendez-vous?

LE VICOMTE.
J'entends, Monsieur, que, quelles qu'en soient les conséquences, vous soutiendrez devant le Baron le personnage que vous représentez à ses yeux.

LE CHEVALIER.
C'est-à-dire que je consentirai à me laisser mettre à la porte à votre place, et que vous resterez à la mienne? c'est adroit. (A part.) Au fait, il est tard, mes gens ne sont plus là... (Haut.) Il n'est rien que je ne fasse pour vous être agréable. Oh! mon Dieu, tout à l'heure, sur la simple invitation d'une petite femme de chambre, qui du jardin me faisait des signaux de détresse, j'ai failli tirer tout le monde d'embarras, et descendre par la croisée; mais, comme cela m'était déjà arrivé ailleurs, et que, cette fois, il s'agissait d'un second, j'ai réfléchi que trois étages dans la même nuit c'était trop.

LE VICOMTE.
Songez que je vous demande votre parole, Monsieur.

LE CHEVALIER.
Je vous la donne. Convenez que je suis de bonne composition; car enfin, c'est un sacrifice que je vous fais: elle est charmante.

LE VICOMTE.
Monsieur!

LE CHEVALIER.
Vous ne trouvez pas? et si vous avez encore le bonheur de la voir, c'est à moi que vous le devrez.

LE VICOMTE.
Pardieu, Monsieur, j'aurais autant aimé que vous ne vous fussiez pas mêlé de tout ceci ; mais enfin, puisque je ne puis rester qu'en jouant votre rôle, vous me ferez la grâce de me dire ce que c'est que cette aventure : j'ai besoin d'être au courant de votre position.

LE CHEVALIER.
Mon aventure? vous ne la trouvez pas intéressante?

LE VICOMTE.
Ma foi...

LE CHEVALIER.
Dites : je n'ai pas d'amour-propre. Quand on improvise...

LE VICOMTE.
Ah!

LE CHEVALIER.
Et qu'on a le guet à ses trousses... il est permis...

LE VICOMTE.
Comment? le guet? Vous menez une singulière conduite, Monsieur.

LE CHEVALIER.
Vous trouvez? Oui, on me l'a déjà dit, et je ne comprends pas que je n'aie point encore songé à faire pénitence.

LE VICOMTE.
Pardieu! on l'a fait pour vous.

LE CHEVALIER.
C'est ce qui m'entretient dans le péché.

SCÈNE XIII.

LE VICOMTE, LE BARON, LE CHEVALIER.

LE BARON, à part, à l'aspect du Chevalier.
C'est lui!

LE CHEVALIER, bas au Vicomte.
Quel est ce monsieur?

LE VICOMTE, se séparant de lui.
L'oncle.

LE CHEVALIER.
Oh!   (Il s'incline plusieurs fois.)

LE BARON, à lui-même, avec indignation.
Il me salue! (Allant au Vicomte et lui serrant la main.) Mon ami, retirez-vous.

LE VICOMTE.
Je crois que vous ferez bien de le renvoyer tout bonnement.

LE BARON.
Vous trouverez au bout du corridor une porte basse, à droite : c'est là. Pardon, je n'ai pas le temps d'aller vous enfermer à clé...

LE VICOMTE.
Merci, ne vous dérangez pas.

SCÈNE XIV.

LE VICOMTE, LE BARON, ISABELLE, LE CHEVALIER.

ISABELLE, un plateau à la main.

J'ai attendu long-temps... et... (Elle pousse un cri à l'aspect du Chevalier et reste immobile de frayeur.)

LE CHEVALIER, à part.

La position se complique. Pauvre enfant! elle est tellement émue...

(Voyant qu'elle va laisser tomber le plateau et s'élançant pour le prendre.)

Permettez...

LE BARON, se méprenant sur son intention et voulant l'arrêter.

Monsieur!

LE CHEVALIER.

Vous voyez bien que Mademoiselle n'a pas la force...

(Il pose le plateau sur la table de son côté.)

LE VICOMTE, bas à Isabelle.

Quoi qu'il arrive, ne dites rien, rien du tout, ou nous sommes perdus!

LE BARON, faisant signe au Vicomte.

Laissez-nous.

LE VICOMTE, à part, en sortant par la porte de gauche.

Je reviendrai.

SCÈNE XV.

ISABELLE, LE BARON, LE CHEVALIER.

LE BARON, à lui-même.

Elle tremble, la malheureuse! et cependant elle n'a pas craint d'affronter encore mes regards... (Haut.) Nièce indigne! (Au Chevalier.) Monsieur, vous attendez sans doute avec anxiété l'arrêt... (Voyant que le Chevalier est occupé à tremper un biscuit dans le vin qu'Isabelle a apporté.) Qu'est-ce que vous faites?

LE CHEVALIER.

Pardon, je vous écoute.

LE BARON, d'une voix étouffée par la colère.

J'ai d'abord voulu vous tuer... j'y ai renoncé.

LE CHEVALIER.

Vous avez bien fait.

LE BARON.

Oui, c'eût été satisfaire une vengeance légitime, sans doute, mais stérile. Heureusement pour vous, j'ai eu le temps de réfléchir; je me suis arrêté.

LE CHEVALIER.

Je m'en applaudis.

LE BARON.

Moi aussi; car l'honneur de ma famille doit m'être plus cher que la vaine satisfaction de punir un outrage. (S'approchant du Chevalier, et avec force.) Vous épouserez ma nièce, Monsieur.

LE CHEVALIER.

Plaît-il? (A part.) En voilà bien d'une autre.

ISABELLE, à part.

Si c'est pour cela qu'il m'a recommandé de ne rien dire...

LE BARON.

Vous avez contraint ma volonté; je ne vous pardonnerai de ma vie; mais l'homme qui a été surpris ici ne peut refuser cette réparation. Vous l'épouserez.

LE CHEVALIER.

Permettez...

LE BARON.

Vous l'épouserez, ou je vous brûle la cervelle.

LE CHEVALIER.

Du moment que vous l'entendez comme ça... (A part.) Il n'est plus là, lui : son stratagème lui réussit à merveille.

LE BARON.

Est-ce que vous hésiteriez, Monsieur?

LE CHEVALIER.

Je serais fâché qu'on pût le supposer. Quand on est assez heureux pour obtenir... (A part.) Ah ça! elle ne dit pas non.

LE BARON.

J'entends, Monsieur, que ce mariage ait lieu promptement.

LE CHEVALIER.

Elle ne dit pas non. (Haut.) Oui, il vous tarde...

LE BARON, à part.

De ne plus vous voir. Mais pas d'invitations, pas d'éclat.

LE CHEVALIER.

Non; une cérémonie sans pompe, quelque chose de modeste.

LE BARON.

Et de secret, surtout.

LE CHEVALIER, à part.

Ah ça! elle ne dit pas non!

LE BARON.

Une fois unis, vous partirez avec votre femme pour ne plus revenir.

LE CHEVALIER.

Oui, nous nous séparons.

LE BARON.

Pour toujours, Monsieur.

LE CHEVALIER.

Eh bien, ces arrangemens-là me vont parfaitement.

LE BARON.

Quelle audace!

LE CHEVALIER.

Je vous demanderai seulement une faveur : c'est de me laisser seul avec Mademoiselle, qui ne dit rien... Aux termes où nous en sommes...

LE BARON.

Comment, Monsieur, après ce qui s'est passé, vous avez encore le front...

LE CHEVALIER.

C'est juste : j'oubliais. Je ne serais pas fâché, cependant, de savoir ce que Mademoiselle peut penser de... Vous comprenez? Quitter un oncle comme vous... J'espère que cela ne lui coûtera pas, mais enfin...

LE BARON.

Quelle patience!

LE CHEVALIER, au Baron, passant près d'Isabelle.

Permettez. Vous avez entendu la proposition de Monsieur votre oncle, Mademoiselle; elle est pressante... Il paraît fort entêté dans ses opinions, Monsieur votre oncle. Qu'est-ce que nous allons faire? Je veux dire, qu'est-ce que vous pensez de l'offre...

LE BARON
Vous voyez bien qu'elle ne répond pas.

LE CHEVALIER.
Certainement, je le vois. C'est bien là ce qui m'étonne un peu.

LE BARON.
Je m'y attendais, moi, Monsieur. Que lui importe de me quitter à présent?

LE CHEVALIER.
Oui; ce n'est pas cela qui me paraît...

LE BARON.
Que vous faut-il encore, Monsieur? elle vous a répondu...

LE CHEVALIER.
Vous croyez?

LE BARON, avec colère.
Elle vous a répondu par son silence.

LE CHEVALIER.
Ne l'intimidez donc pas. (A part.) Par exemple, c'est un peu fort! (Haut.) Serait-il vrai, Mademoiselle, que... Là, bien sérieusement, il me serait permis de croire que vous consentez...

LE BARON.
En doutez-vous à présent, Monsieur?

LE CHEVALIER.
Non. (A part.) Ah ça! qui veut-on mystifier, ici?

ISABELLE, à part.
Il ne se plaindra pas que j'aie parlé.

LE CHEVALIER, à part.
Ah! parbleu! nous allons voir. Que m'importe? je ne risque rien... (Haut.) Mademoiselle, une telle faveur... Ce n'est pas un rêve? Non, c'est bien à moi... Permettez que je vous exprime ici toute la reconnaissance, tout l'amour...

ISABELLE, avec effroi.
Monsieur!..

LE BARON.
C'est bon!

LE CHEVALIER.
Laissez donc... (A part.) Je la crois plus embarrassée que moi. (A Isabelle.) Oh! je le jure par tout ce qu'il y a de plus sacré, par votre oncle respectable, ma vie entière vous appartient désormais, et puisque vous m'aimez...

ISABELLE.
Monsieur...

LE BARON.
C'est bon.

LE CHEVALIER.
Ne vous en défendez pas... puisque vous me sacrifiez un rival, c'est à vos pieds...

LE VICOMTE, entrant et se jetant entre eux.
A ses pieds!

LE CHEVALIER, au Vicomte*.
Ah! vous voilà, vous? (A part.) Nous verrons comment il se tirera de là....

LE BARON, au Vicomte.
Imprudent! pourquoi avez-vous quitté encore... (Montrant le Vicomte au Chevalier.) C'est un ami de ma famille, Monsieur. (Au Vicomte.) Pourquoi venez-vous? pour être témoin de ma faiblesse. Je la lui donne.

LE VICOMTE.
Comment? vous la lui donnez?

* Isabelle, le Vicomte; le Baron, le Chevalier.

LE CHEVALIER, au Baron.
Dites donc, ça ne paraît pas lui faire plaisir...

LE VICOMTE.
Vous la lui donnez?

LE BARON.
Oh! je sais tout ce que vous allez me dire; je sais qu'à ma place, ce n'est point ainsi que vous eussiez agi.

LE VICOMTE.
Et il accepte?

LE BARON.
S'il eût refusé...

LE VICOMTE.
Et Mademoiselle... c'est une trahison!

ISABELLE.
C'est lui qui m'a dit...

LE BARON.
Mon ami...

LE VICOMTE.
Je ne souffrirai pas...

LE BARON.
Permettez qu'à mon tour...

LE VICOMTE.
Vous ne savez pas...

LE BARON.
J'agisse...

LE VICOMTE.
Mais c'est à un autre que vous croyez la donner : c'est à moi : je suis le vicomte Amédée de Lunel.

LE BARON.
Plaît-il?

LE CHEVALIER, à part.
Hein? qu'est-ce qu'il dit?
(Il tire vivement de sa poche la dépêche qu'il a fait voir au premier acte et la parcourt.)

LE VICOMTE.
Officier dans royal-allemand.

LE CHEVALIER, à part, lisant.
C'est bien ça.

LE VICOMTE.
C'est moi qui ai quitté mon régiment sans permission.

LE CHEVALIER.
C'est bien ça.

LE VICOMTE.
Moi, qui ai tout bravé pour la voir, et qu'on peut arrêter d'un moment à l'autre.

LE CHEVALIER, remettant son papier dans sa poche.
C'est bien ça.

LE BARON.
Vous, Ponticourt?

LE VICOMTE.
Eh Monsieur! ce nom, je ne l'ai jamais porté... cette prétendue famille n'a jamais été la mienne... ce n'est pas moi que vous avez trouvé dans votre jardin.

LE BARON.
Comment, ce n'est pas vous?

LE VICOMTE.
C'est-à-dire, ce n'est pas moi qui vous ai raconté... Dans cette prétendue catastrophe rien n'est réel, et je défie qui que ce soit de me désavouer.

LE BARON.
Comment?.. j'aurais passé la moitié de ma nuit à m'intéresser à une famille qui... (Au Vi-

comte.) Monsieur !.. (Au Chevalier.) Monsieur !..
j'aurai raison !.. qui êtes-vous ?

LE CHEVALIER.

Le frère de l'infortunée...

LE BARON.

Monsieur !.. une pareille raillerie après l'indigne mystification dont j'ai été la dupe... je suis déshonoré... bafoué !.. (Appelant.) Oh là ! quelqu'un ! je vais envoyer chercher la garde.

LE CHEVALIER.

J'allais vous le proposer. (A lui-même.) Maintenant que j'ai un prétexte pour être ici, que m'importe ?

LE BARON, au domestique qui entre.

Courez ! qu'on amène le guet... il y a un poste dans la rue.

LE CHEVALIER.

C'est à deux pas.

LE BARON.

Nous verrons, Monsieur, si vous soutiendrez ce ton railleur jusqu'au bout, et, quand la force armée sera là...

LE VICOMTE, au Baron.

Monsieur, croyez que de ma part, au moins...

LE BARON, au Vicomte.

Quant à vous, qui m'avez éclairé, comme heureusement le hasard a empêché votre rendez-vous coupable, je vous chasse de chez moi.

ISABELLE.

Ciel !

LE VICOMTE.

Oh! je n'ai pas besoin que vous me défendiez d'y revenir, Monsieur... non : je vois tout à présent... et, à la façon dont Mademoiselle acceptait tout à l'heure ce mariage, je devine, je comprends...

ISABELLE.

Que voulez-vous dire ?

LE VICOMTE.

Que, moi aussi, j'ai été trompé.

LE BARON.

C'est possible, mais retirez-vous.

ISABELLE.

Mais je n'ai fait que vous obéir.

LE VICOMTE.

Oh! tenez, votre conduite n'a pas d'excuse : aussi je ne veux plus qu'on puisse me parler de vous ; je ne veux plus un souvenir qui vous rappelle... Je quitte mon régiment... je quitte la France... je m'expatrie.

LE CHEVALIER, à part.

Est-ce que j'ai jamais été aussi ridicule que ça ?

SCÈNE XVI.

LES MÊMES, LOUISE, très effrayée.

LOUISE.

Ah ! Monsieur le Baron, des soldats !

LE BARON.

Enfin !..

(Il va au-devant de l'Officier du Guet, qui paraît à la porte du fond.)

ISABELLE, au Chevalier.

Sauvez-vous, Monsieur !

LE VICOMTE.

Ah ! cet intérêt... vous le paierez cher, Monsieur. Je vous retrouverai.

LE BARON, à l'Officier, lui montrant le Chevalier.

Le voilà.

L'OFFICIER, après avoir été au Chevalier, le reconnaissant et le saluant avec respect.

Qui faut-il arrêter ?

LE BARON, au comble de la surprise.

Hein ?

LE VICOMTE, à Isabelle.

Adieu...

LE CHEVALIER, désignant le Vicomte qui sort.

Arrêtez Monsieur... oui, Monsieur... là... qui veut s'en aller à toute force.

LE VICOMTE.

Moi ?

LE CHEVALIER.

Le vicomte Amédée de Lunel, coupable d'avoir quitté son régiment sans permission. (Allant au Vicomte.) Cela ne doit pas vous surprendre, vous vous y attendiez. (Lui remettant une dépêche.) Voici l'ordre. (A Isabelle.) Je n'avais pas d'autre moyen de le retenir. (Au Baron.) Je vous demande pardon de la peine que vous avez prise.

LE VICOMTE, lisant.

A M. le Chevalier du Guet.

LE CHEVALIER.

C'est moi.

LE VICOMTE.

Vous !

LOUISE, à part.

Par exemple ! pour un homme qui est chargé de la police, il a des manières un peu dégagées.

LE BARON.

Ah ça ! je n'y suis plus du tout... comment, Monsieur, un officier public se serait permis...

LE CHEVALIER, le prenant à part.

Eussiez-vous mieux aimé que je n'eusse pas pris la place du Vicomte, et empêché par là un rendez-vous illicite ?

LE BARON.

Comment, Monsieur, c'est dans cette intention ?..

LE CHEVALIER.

Quand les chefs de famille ne voient pas ce qui se passe chez eux, c'est à l'œil de la police d'y regarder... et elle a fort affaire... tenez, voici le procès-verbal de tout ce qui s'est passé cette nuit dans Paris... (Il va prendre un rapport que tient l'Officier, à part.) Mon aventure y est. (Haut.) Jugez...   (Il lui remet le papier.)

LE BARON, lisant.

Nous, Officier du Guet, constatons que cette nuit, à dix heures, dans la rue Sainte-Catherine...

LE CHEVALIER, à part.

Me voilà.

LE BARON, continuant.

Un homme... le nom est en blanc... Est descendu de chez la marquise de... (Avec irréflexion.) Elle me trahit.

LE CHEVALIER, lui enlevant le papier.

Oh! mon rival ! je tombe bien !

LE BARON, avec fureur.

Un homme...

LE CHEVALIER, bas.

Eh bien! mais cet homme, vous le connaissez.

LE BARON, bas.

Je...

LE CHEVALIER, bas.

C'est vous !.. (Haut.) Tout est arrangé, j'ai réussi, Mademoiselle: votre oncle consent à votre mariage. (Au Vicomte.) Quant à vous, Vicomte, vous ne m'en voulez plus?

ISABELLE.

Mais il est arrêté.

LE CHEVALIER.

Il fera ses arrêts près de vous.

LE BARON.

Pardon, c'est que je n'entends pas du tout...

LE CHEVALIER, bas.

Aimez-vous mieux que je mette un nom sur ce procès-verbal, et que je...

LE BARON, vivement.

Je n'ai rien à vous refuser.

LE CHEVALIER, bas.

Soyez tranquille : la Marquise vous aime, et si jamais elle oubliait pour un autre tout ce qu'elle vous doit, je serai là.

LE BARON.

Je compte sur vous.

LE CHEVALIER, haut.

Eh bien ! M. le Baron, direz-vous encore que le Chevalier du Guet ne remplit pas son devoir ?

LE BARON, lui prenant la main.

Monsieur, vous me réconciliez avec la police.

CHŒUR.

Enfin cette journée,
Nous
Les rendra tous heureux,
Et bientôt l'hymenée,
Viendra combler nos vœux.
                  leurs

FIN.

La mise en scène exacte de cet ouvrage, transcrite par M. L. PALIANTI, fait partie de la collection des mises en scène publiées par le journal LA REVUE ET GAZETTE DES THÉATRES, rue Sainte-Anne, 55.

Imprimerie de Mᵐᵉ DE LACOMBE, rue d'Enghien, 12